●コンパクト 法学ライブラリ-3●

コンパクト
民法 I
民法総則・物権法総論
第2版

角 紀代恵

新 世 社

第2版へのはしがき

2017年5月，民法（債権関係）の改正法が可決・成立し，総則編の部分についても改訂が必要になりました。そこで，第2版を出版することにしました。可決・成立した改正法は，成立から3年以内の日で，政令で定める日である2020年4月1日から施行されます。したがって，第2版が出版される時は，未だ，改正法は未施行であり，改正前の民法が現行法として効力を有していますが，民法については，原則として，改正されなかった条文については条文数のみを示し，改正された条文については，「改正前○○条」，「新○○条」と表記することにしました。

民法が制定されてから100有余年。今回の改正は，財産法の部分については，制定以来，初めての大改正です。言わずもがなですが，改正作業は，白紙に立法するのとは違って，好むと好まざるとにかかわらず，現行法を意識して行われます。そこで，第2版の執筆にあたっては，現行法が，なぜ，そして，どのように改正されたかを理解してもらえるようにという思いを込めました。しかし，そのために，叙述がモタモタしたり，わかりにくくなっているところもなきにしもあらずだと思います。なお，初版において，わかりにくいと思われる箇所も，いくつかですが，手を入れました。

2018年6月

例年にない暑さの中で

角　紀代恵

初版へのはしがき

本書は，掛け値なしに，はじめて民法を学ぶ人を対象にした教科書です。

私は，ほぼ四半世紀にわたって，大学で民法を教えてきましたが，特に，最近にいたり，はじめて民法を学ぶ人には，込み入ったこと，複雑なことを教えてはいけないという思いを強くするようになってきました。民法に限らず，法律学は，レンガを積むように，ひとつひとつ根気よく，論理を積み上げてこそ，はじめて理解できるものです。しかし，最近の学生さんは，ひとつひとつ論理を積み上げるという作業が，どうも苦手のようです。そこで，込み入ったことを教えると，「えいやー」とばかりに，頭から覚えようとする傾向が強いようです。しかし，記憶に頼っていては，いつまでたっても理解はできません。そのため，最近の私の講義は，根と幹だけを教える傾向が，ますます，強くなってきました。そんな中で，初学者向けの教科書執筆の依頼を受けました。その時に，頭の中に浮かんだコンセプトは以下のようなものでした。

「初級用教科書執筆の基本方針についていえば，判例およびそれを支持する通説（以下では，これをまとめて判例・通説という），判例がなければ通説の立場を前提にした初歩の知識の伝授に徹することである。ともすると教員は欲を出して，あれもこれも教えたくなるが，その誘惑を退けて，初歩の知識の伝授だけに限るべきである。初級用教科書のめざすべきところは，算数でいうと，九九，四則演算（小数，分数計算，比例配分を含む）がきちんとできることである」

> 「ここでいう「初歩の知識」としては，例示的に挙げれば，主要な制度の概要，および，それが志向している機能（立法趣旨に近い），さらに，その機能の仕方あるいは流れ……（中略）……，用語＝基本的な概念の説明，条文の読み方，受け取り方の常識（例えば「柱書」「号」「項」「本文」「ただし書」，もう少し進んで「みなす」「推定する」「準用する」），要件・効果という条文の組立て方，要件と効果との関係（「効果は要件にはね返る」）といったところであろうか」

この文章は，私の恩師である米倉 明先生（東京大学名誉教授）が，初級用教科書について「法科大学院雑記帳 (73)「事例式問題」などとはおこがましい段階がある——工夫をこらした初級者教科書の必要」（戸籍時報 666 号 87 頁～88 頁）に書かれた文章です。本当に，偶然にも，私が思い描いていたコンセプトと，文字通り，ピタリと一致しました。

米倉 明先生は，本年 10 月，喜寿をお迎えになりました。私がまがりなりにも民法学者の末席に連なることができているのは，ひとえに，先生のおかげです。先生の長年にわたるご指導に感謝し，ますますのご活躍とご健康をお祈りして，本書を米倉 明先生にささげたいと思います。

さて，読者の皆さんには，本書を読む上でのいくつかのお願いがあります。まず，教科書に出てきた条文は，全部，読んでください。条文は，決して読みやすいものではありませんが，「習うより慣れよ」ということわざにもあるように，たくさん読んでいると，だんだんと読むのが苦労ではなくなってきます。

本書では，活字が小さくなっている「ちょっと進んで」のコーナーを設けてあります。このコーナーでは，最新の判例・学説，あるいは，応用問題ともいうべき問題を扱っています。最初は，ざっくりとでもよいから，全体像をつかむということを心がけてください。その意味から，このコーナーは，最初は，読み飛ばしてください。とにかく，本書は，勉強の出発点であるということを忘れないでください。本書を理解したら，ぜひ，中級用，上級用の教科書に進んでください。

それでは，民法の勉強という航海に，行ってらっしゃい！

2011 年 11 月

小春日和の日に

角　紀代恵

目　次

● ちょっと進んで

凡　　例

［法 令 名］

法令名については，以下の略称を用いている（民法については原則として略称を省略した。なお，本文中「改正前民法」とは，平成29年（2017年）の民法（債権関係）改正前の民法を指す。本改正後の民法については「新法」と記し，「新○○条」と表記している）。

一般法人	一般社団法人及び一般財団法人に関する法律
会社	会社法
刑	刑法
憲	憲法
公益認定	公益社団法人及び公益財団法人の認定等に関する法律
商	商法
不登	不動産登記法
民訴	民事訴訟法
戸	戸籍法

［判　　例］

(1) 判例集・法律雑誌については，以下の略称を用いている。

民録	大審院民事判決録
民集	（大審院または最高裁）民事判例集
判時	判例時報
判タ	判例タイムズ

(2) 判決は，以下のように表記している。

［例］ 大判昭和 10 年 10 月 5 日民集 14 巻 1965 頁
　→大審院昭和 10 年 10 月 5 日判決民集 14 巻 1965 頁
最大判昭和 45 年 6 月 24 日民集 24 巻 6 号 625 頁
　→最高裁大法廷昭和 45 年 6 月 24 日判決民集 24 巻 6 号 625 頁

I

民法総則

第1章　「民法」とは何か？

1.1　公法と私法

「民法」は，私人間の法律関係を規律する「私法」に属する。といっても，あまりに抽象的すぎるので，一つ，例を挙げることにする。

Ｙは，酒を飲んだ直後に運転をしていて，歩行者Ｘをひき殺してしまった。

このとき，Ｙは，法的性質の異なる3つの責任を負う。すなわち，

① **刑事責任**　Ｙの行為が，「自動車の運転により人を死傷させる行為等の処罰に関する法律」第5条に規定する過失運転致死傷に該当する場合には，Ｙは，7年以下の懲役もしくは禁錮または100万円以下の罰金に処せられる。ちなみに，悪質な酔っ払い運転については，同法第2条第1号，第3条第1項，第4条により，もっと重い刑罰が科せられる。

② **行政責任**　道路交通法第65条第1項は，酒気帯び運転を禁止しており，また，同法第103条第1項第5号によれば，国家公安委員会は，道路交通法に違反した者に対し，所定の基準に従い運転免許の取消し，または，その効力停止を行うことができる。

③ **民事責任**　民法第709条によると，故意または過失によって他人の権利または法律上保護される利益を侵害した者は，それに

よって生じた損害を賠償しなければならない。なお，自動車の運行によって他人の生命または身体を害した場合については，自動車損害賠償保障法第３条に特別規定がある。

このように，交通事故を原因とするＸの死亡という一つの事実に対して，刑罰，運転免許の取消し・停止，民事上の損害賠償という３種類の法律問題が発生する。このうち，前の２つは，国家とＹとの関係であるのに対して，最後の損害賠償は，加害者であるＹと被害者であるＸらとの関係である。そこで，前の２つのように，国家（市町村等の公共団体も含む）と私人の間を規律する法を公法，最後のＸとＹのように私人の間を規律する法を私法という。そして，いま，述べたところからわかるように，民法は，この私法に属し，民法が規律する私人間の関係は，人類としての生活関係全般——たとえば，親子・夫婦の身分関係，衣食住や取引に関する財産関係——にわたる。

民法が規律する私人間の関係は，人類誕生時からとはいわないが，かなりの昔から普遍的に存在するものである。しかし，民法が前提とする社会観は，そんな昔から存在するものではない。民法は，強く賢い個人が，自らの法律関係を自己の判断と責任とにおいて自由に形成し，発展させることはよいことだということを前提としている。このことから，民法は，対等な私人の間を規律していることがわかる。

1.2　一般法と特別法

1.1 で述べたように，民法は私法に属するが，私法に属する法律は，民法だけではない。民法のほかにも，商法や会社法，借地借家法，利息制限法など，たくさんの法律がある。そして，民法は，私法の一般法とよばれる。すなわち，これら民法以外の私法に属する法律は，民法が規律する関係のうち特定の関係について，特別な規律を行うために作られており，民法に対する例外として位置付けられる。

たとえば，企業間の関係や企業と労働者の関係は，商法（会社法を含む）や労働法とよばれる法律で規律されている。民法以外の法律で規律されているということは，民法とは異なる規律が必要であるということを意味している。それはなぜか？ たとえば，企業間の取引については，取引の迅速化や複雑化によって，普通の人々の間の取引とは違った規制が必要になってくる。また，企業と労働者間の関係についても，両者の間に存在する力の格差から労働者を保護する必要があるので，対等な者の関係を規律している民法とは異なる規律が必要になってくるからである。これら特殊な関係を規律するために作られた法律を特別法という。

法適用のルールの一つに「特別法は一般法に優先する」という原則がある。したがって，民法は私法の一般法なので，民法と他の特別法とがともに規定している事項については，民法は適用されず，特別法の規定のみが適用される。しかし，特別法が規定していない事項については，民法が適用されることになる。

1.3 民法は，何を規律しているか？

1.2 で述べたように，私法の一般法である民法は人間の生活関係全般について規定している。これを日本民法典に即していうと，以下のようになる。

なお，「民法典」とは，「民法」という名前を持つ法律自体を指す言葉である。「民法」といった場合には，「民法」という名前を持つ法律を指す場合もあれば，「民法」という名前を持つ法律だけではなく，「民法」に付属する法律（たとえば，不動産登記法，戸籍法）や「民法」を補充・修正する法律（たとえば，借地借家法，消費者契約法，これらは「民法」に対する特別法の地位に立つ）を含む場合もある。これらは，「民法」という名前を持つ法律に組み込んでしまうことも可能ではあるが，諸般の事情によって別建ての法律とされているのである。後者の意味での民法は，実質上の民法とよばれることもある。

① 家　族　民法第四編「親族」（725条以下）には，夫婦，親子関係のように，家族関係のルールが規定されている。これに対して，第五編「相続」（882条以下）は家族関係に関連はするが，人の死亡にともなって，その人が持っていた財産がどのように変動するかに関するルールが規定されている。したがって，「相続」は，親子，夫婦のような家族関係を前提としているが，基本的には財産関係のルールである。

② 財　産　民法第二編（175条以下）は「物権」，第三編（399条以下）は「債権」という見出しがつけられていることからわかるように，民法は，財産を「債権」と「物権」という2種類に分けている。なお，これら「債権」「物権」をあわせて，私的な権利という意味で私権という。

「物権」とは，物に対する権利であり，その代表格は所有権である。人が生活していくためには，さまざまな物を必要とする。住宅が必要だし，家財道具も必要である。住宅は賃貸の場合もあるし，持ち家の場合もある。家財道具の場合には，自分の物であることが多いであろう。このうちの「自分の物である」という物に対する関係が所有権をめぐる関係である。

また，生きていく上には，たとえば，食料や衣類も必要である。自給自足の生活の場合は別だが，多くの人は，これら衣類や食料を商品として買ってくる。すなわち，これらは売買契約を締結することによって調達される。売買契約が締結されると，買主は売主に対して，「買った物を自分に渡してくれ！」という権利を持ち，売主は買主に対して「買った物の代金を払え！」という権利を持つ。このように，ある人が，他の人に対して，一定のことを請求する権利を「債権」という。なお，債権は，いまの例のように，契約から生じる場合もあれば，1.1 で挙げたように，交通事故のような不法行為から発生する場合もある。

1.4 日本民法典の構成

1.3 で見たように，民法は人間の生活関係全般にわたって規定している。しかし，それらの規定を脈絡なく並べては，どこに何が書いてあるのか，お目当ての規定にたどり着くのに一苦労という，きわめて使い勝手が悪い民法になってしまう。そこで，日本民法典は，その規定の配列に際して，パンデクテン方式とよばれる方式を採用した。ここで，パンデクテンとは，「ローマ法大全」(ユスティニアス法典）の中心部分である法学者の著作の抜粋である「学説彙纂(いさん)」を指す。この「学説彙纂」自体は，法学者の著作の抜粋を単に並べたものであって，体系的な整理がなされているわけではなかった。パンデクテン法学とは，19 世紀のドイツ法学が，パンデクテンに依拠しながら作り上げた法体系であり，この体系に基づいて作られたドイツ民法典の構成をパンデクテン方式という。日本民法典は，このドイツ民法典の構成に準じて，規定を配列している。

パンデクテン方式においては，個別的な法律関係について規定するに際して，そのすべてに共通の規定があると，同じ規定を繰返しおくことはせずに，共通の規定をくくり出して，それらを個別的な規定の前におく。たとえば，売買，賃貸借といった契約関係を例にとると，売買なら売買，賃貸借なら賃貸借に共通する規定を，それぞれ，売買，賃貸借に関する個別規定の前におく。これら共通規定は「総則」とよばれる。この場合は，売買なら売買，賃貸借なら賃貸借に共通する規定であるから売買総則（555条以下），賃貸借総則（601条以下）というわけである。次に，これら，売買，賃貸借をはじめとするすべての契約類型に共通する規定を，売買等の個別規定の前におく。今度の共通規定は，契約に関するものであるから契約総則（521条以下）というわけである。この作業を，それぞれについて繰り返し，最後に，それらのすべてに共通する一般的規定を冒頭に持ってくる。これが「第一編　総則」，すなわち，本書で扱う「民法総則」である。このような構成にあっては，一般的規定が頭に来て特殊な規定が後ろに来るという具合に，非常に体系的に民法が整理される。しかし，総則におかれた規定は，一般的規定であるために，抽象的であるという運命から逃れることはできない。そして，抽象的な規定というのは，応々にして，わかりづらいというのも事実である。

さらに，パンデクテン方式では，現実の法律関係と規定の配列がきちんと対応していないということが起こる。たとえば，売買に関する規定は，第555条以下の売買の節だけにあるのではない。そこで，売買に関する規定を探そうとしたら，そのすぐ前にある第三編「債権」第二章「契約」第一節「総則」（521条以下），さらに，その前の第三編「債権」第一章「総則」（399条以下），そして，第一編「総則」（1条以下）の規定も見なければならないということになる。

民法の構成
（2018年6月現在の改正法による）

第一編　総　　則

第1章　通　　則（1条・2条）
第2章　人（3条-32条の2）
第3章　法　　人（33条-37条）
第4章　物（85条-89条）
第5章　法律行為（90条-137条）
第6章　期間の計算（138条-143条）
第7章　時　　効（144条-169条）

第二編　物　　権

第1章　総　　則（175条-179条）
第2章　占 有 権（180条-205条）
第3章　所 有 権（206条-264条）
第4章　地 上 権（265条-269条の2）
第5章　永小作権（270条-279条）
第6章　地 役 権（280条-294条）
第7章　留 置 権（295条-302条）
第8章　先取特権（303条-341条）
第9章　質　　権（342条-366条）
第10章　抵 当 権（369条-398条の22）

第三編　債　　権

第1章　総　　則（399条-520条の20）
第2章　契　　約（521条-696条）
第3章　事務管理（697条-702条）
第4章　不当利得（703条-708条）
第5章　不法行為（709条-724条の2）

第四編　親　　族

第1章　総　　則（725条-730条）
第2章　婚　　姻（731条-771条）
第3章　親　　子（772条-817条の11）
第4章　親　　権（818条-837条）
第5章　後　　見（838条-875条）
第6章　保佐及び補助（876条-876条の10）
第7章　扶　　養（877条-881条）

第五編　相　　続

第1章　総　　則（882条-885条）
第2章　相 続 人（886条-895条）
第3章　相続の効力（896条-914条）
第4章　相続の承認及び放棄（915条-940条）
第5章　財産分離（941条-950条）
第6章　相続人の不存在（951条-959条）
第7章　遺　　言（960条-1027条）
第8章　遺 留 分（1028条-1044条）

パンデクテン方式を実感しよう！
（2018年6月現在の改正法による）

第一編　総　　則（1条-169条）

第二編　物　　権

第三編　債　　権

第1章　総　　則（399条-520条の20）

第2章　契　　約

第1節　総　　則

第1款　契約の成立（521条-532条）

第2款　契約の効力（533条-539条）

第3款　契約上の地位の移転（539条の2）

第4款　契約の解除（540条-548条）

第5款　定型約款（548条の2-548条の4）

第2節　贈　　与（549条-554条）

第3節　売　　買

第1款　総　　則（555条-559条）

第2款　売買の効力（560条-578条）

第3款　買 戻 し（579条-585条）

第4節　交　　換（586条）

第5節　消費貸借（587条-592条）

第6節　使用貸借（593条-600条）

第7節　賃 貸 借

第1款　総　　則（601条-604条）

第2款　賃貸借の効力（605条-616条）

第3款　賃貸借の終了（616条の2-622条）

第4款　敷　　金（622条の2）

⋮

1.5 日本民法典の沿革

日本の現在の法制度は，ごくごく大雑把にいって，明治時代になって欧米諸列強のそれを移入――「継受」という――したものであり，民法典も，また，その例にもれず，明治時代に入ってから編纂されたものである。

民法典との関係で重要なのは，条約改正問題である。すなわち，欧米諸列強は，日本との不平等条約の改正にあたっては，重要な法典の編纂を不可欠の条件とした。そこで，その一環として民法典を早急に制定する方針が，明治の初年から固められた。しかし，民法典のような大法典が，そうそう，一朝一夕にできるものではないので，最初は，フランス民法典を翻訳して，それに多少の修正を加えて日本民法典としようとした。法典編纂の責任者であった時の司法卿江藤新平が，部下の箕作麟祥（みつくり　りんしょう）に対して言った「誤訳も妨げず，とく急げ」――誤訳をしてもいいから，とにかく急げ！――という言葉は有名である。しかし，結局，この試みは頓挫してしまい，日本独自の民法典を制定することにし，お雇い外国人であるフランス人のボアソナードに財産法の部分の起草を任せた。ボアソナードは，フランス民法典を基礎にしつつ，その他，イタリア民法典，ベルギー民法典，日本の慣習，さらには，自らの独創をも加えて民法典を起草した。これに，日本人委員が起草した家族法の部分も加えて，民法典が完成し，明治23年（1890年）に公布された。これが旧民法である。

この旧民法は，明治26年（1893年）から施行されるはずであったが，明治22年（1889年）頃から，施行することに対する反対運動が始まり，法典論争が起こった。施行に反対する延期派の理由は，旧民法は日本古来の良き伝統を滅ぼすものであるということにあった。この時の有名な言葉に，帝国大学法科大学教授であった穂積八束（ほづみ　やつか）の「民法出デヽ忠孝亡ブ」というのがある。ただし，法典論争の性格は，未だ，充分には解明されておらず，政治的，感情的な性格の強いものだったようである。それはともかく，この反対運動の結果，旧民法は，公布されたにもかかわらず，明治25年（1892年）に，施行延期と決定され，結局，施行されることなく終わってしまった。

その後，翌明治26年（1893年），政府は法典調査会を発足させ，新たに，3人の帝国大学法科大学教授を起草委員に任命して，改めて，民法典の起草にあたらせることになった。この3人とは，穂積陳重（ほづみ　のぶしげ，前述した穂積八束の兄），梅謙次郎（うめけんじろう），富井政章（とみい　まさあきら）である。当時，統一なったドイツにおいてドイツ民法草案が公表されていた。民法典としては，こちらのほうが新しく，また，評価も高かったので，起草委員たちは，起草にあたっては，フランス法流の旧民法をベースとしながら，パンデクテン方式の採用などドイツ民法草案も参考にした。その結果，明治29年（1896年）に財産法部分が，明治31年（1898年）に家族法（親族，相続）部分が公布され，同年7月16日，民法典全体が施行された。これが，現行の民法典である。

1.4で述べたように，現行の民法典は，その構成はドイツ民法典にならったものである。そのために，長らく，日本民法典はドイツ流の民法典であると考えられていた。しかし，実際には，ボアソナードが起草した旧民法に修正を加えたものであることから，旧民法がそのまま採用されている部分も多く，フランス法的な色彩も濃い。さらに，起草委員たちは，オーストリア，イタリア，ベルギー，イギリスなど多くの国の法律を参照したので，日本民法典は，「比較法の産物」といわれる。

日本民法典のうち家族法の部分は，第2次世界大戦後，「家制度」の廃止に伴い，昭和22年（1947年）に大改正された。これに対して，財産法の部分は，いくつかの改正はあったが，それらは小規模にとどまるものであった。また，平成16年（2004年）には，従来の漢字＋カタカナ表記を漢字＋ひらがな表記に変え，古風な文体を改めるなど現代語化されたが，これは，表現のみの現代語化にとどまるものであった。このように，財産法の部分は，明治31年（1898年）の施行から，ほとんどそのままの形で維持されてきたが，平成29年（2017年）に「民法の一部を改正する法律」が公布され，契約法を中心とする債権法全般について大改正が行われた。改正法は，公布の日から起算して3年を超えない範囲内において政令で定める日である2020年4月1日から施行される。

1.6　私権に関する民法の総論的規定について

1.5で述べたように，昭和22年の民法改正は家族法の部分の全面改正を主たる内容とするものであったが，これと同時に，民法の冒頭に，総論的な規定をつけ加えた。第1条，第2条がそれである。このうち，第2条は，第2次世界大戦後，大日本帝国憲法に代わって登場した日本国憲法の要請を明確にしたものであり，主として，家族法において問題となるものである。これに対して，第1条は，第2次世界大戦前から判例上確立していた法原則を確認したものである。

第1条第1項は，「私権は，公共の福祉に適合しなければならない」と規定している（憲12条，13条，29条参照）。絶海の孤島でたった一人で自給自足の生活をする人間にとっては，たとえば，木になっている木の実の所有権を問題にすることは，およそナンセンスであることは，想像に難くないと思う。このように，私権は，社会共同生活のために存在するべく法によって認められたものである。また，どのような社会であっても，私権の内容や行使が具体的に問題となる場面では，私的利益と社会共通の利益とが対立する場合が少なくないことも否定できない事実である。第１条第１項は，私権は社会的な権利であり，それゆえに，社会共通の利益との調和という制約を内在しているということを明らかにした規定である。ここで注意しなければならないのは，第１条第１項は，私権に対する公共優先という全体主義的思想を表すものではないということである。

第１条第２項は，「権利の行使及び義務の履行は，信義に従い誠実に行わなければならない」と規定し，信義誠実の原則あるいは信義則とよばれる原則を定めている。信義則は，法文上は「権利」「義務」という包括的な表現をとっているが，契約関係や身分関係のような特定の相手方との権利義務関係を前提として論じられることが多い。信義則とは，抽象的に規定されている権利義務の内容を，具体的状況に応じて調整し，現実化するための基準であり，特定の権利義務関係における私権の行使・義務の履行に際して，相手方が寄せる信頼と合理的期待を保護する機能を有している。信義則の具体的な適用場面は，きわめて多彩ではあるが，今日，特に重要なのは，契約法における信義則である。

第１条第３項は，「権利の濫用は，これを許さない」と規定しており，権利の濫用の禁止を定める。権利の濫用とは，抽象的には，一応，権利行使といいうるが，現実の具体的な状況においては，権利の行使として是認するわけにはいかない場合を指す。権利濫用の禁止を適用した有名な判決に宇奈月温泉事件（大判昭和10年10月5日民集14巻1965頁）がある。同事件を紹介することにしよう。

黒部渓谷沿いにある宇奈月温泉は源泉から木管で湯を引いて営業していたところ，この木管がAの土地の一部を通っており，木管の所有者YはAから適法な利用権の設定を受けていなかった。これを知ったXは，この土地をAから買い受けて，Yに対して，この土地を高額で買い取ることを要求し，Yが買取りを拒否するや，「この土地は自分の土地だ！ 買い取らないのなら木管を撤去しろ！」と，Yに対して，所有権に基づく妨害排除請求訴訟を提起した。大審院は，木管が通っている土地は，利用価値のない渓谷沿いの急傾斜の荒地で，また，通っているのは，わずか2坪であり，木管が通っていることによってXが被る損害はわずかであるのに対して，巨額の費用を要する撤去を要求するのは権利の濫用であるとして，Xの請求を認めなかった。

なお，権利の濫用とされるのは，宇奈月温泉事件のように，権利者側の意図が不当な場合に限られるものではない。権利の行使を認めたときの権利者が受ける利益に比べて，相手方が受ける損害が莫大である場合にも，権利の濫用とされる場合が少なくない（たとえば，最判昭和40年3月9日民集19巻2号233頁（板付空港事件））。しかし，この点は，度を超すと，とにかく既成事実を作り上げてしまった者の勝ちという結果を導くおそれがあるので，「権利の濫用の禁止」の濫用にも注意しなければならない。

ところで，第1条が規定する「公共の福祉」「信義誠実の原則」「権利の濫用の禁止」は非常に抽象度の高い概念であり，その内容は一義的には明確ではない。このように解釈の余地の大きい漠然とした要件をもった規定のことを**一般条項**という。一般条項には，この他に，第90条がある。新第90条は「公の秩序又は善良の風俗に反する法律行為は，無効とする」（3.5.3参照）と規定しており，その見出しにもあるように公序良俗違反の行為の効力について定めている。一般条項は，要件が柔軟であり，妥当な解決を可能にする反面，裁判官の主観的判断によって結論が左右される危険が大きい。そのため，法の適用にあたっては，できる限り具体的な規定を根拠とするべきであり，安易に一般条項に頼るべきではない。一般条項が「伝家の宝刀」といわれるゆえんである。

第2章　私権の主体——権利能力

2.1　権利能力とは何か？

権利能力とは，権利を持つ資格ないし能力のことを指す。権利能力があって，はじめて，権利を有し義務を負うことができる。

人はすべて権利能力を持つ。このことを第3条第1項は，「私権の享有は，出生に始まる」という表現で表している。さて，人はすべて権利能力を持つということ，すべての人は権利の主体となりうるということは，今日の文明国の民法においては，例外なしに認められているところである。しかし，これが認められるためには，長い歳月が必要であった。たとえば，かつて，奴隷や農奴は，義務は負うが権利は持てないとされたり，あるいは，持てたとしても，持てる権利に制限があったりした。また，家族員についても，当初は，家長だけが完全な権利能力を有するとされた。そのような制限が次第に取り除かれた背景には，一方では，社会の経済取引が，次第に個人による商品取引を中心とするようになり，他方では，人道主義的な思想が強くなったことがある。

それはともかく，民法の解釈としては，生きている人間はすべて権利能力を有するので，権利能力に関しては，その始期——いつから権利能力を持てるか——や，終期——いつ権利能力を失うか——は問題となるが，それ以外のこと——たとえば，人といいうるかどうか——が問題になることは，ほとんど考えられない。

さて，前述したように，第3条第1項によれば，人は出生のときから権利能力を有する。このことは，生まれたばかりの赤ん坊でも，意識のない重病人であっても，ともに権利義務の主体となることができるということを意味する。逆に，死んでしまえば，権利義務の主体とはなりえないので，その人に属した権利義務の新たな帰属先を定める必要がある。そこで，第882条が規定するように，相続が開始することになる。

なお，権利能力を有する者は，人（人間）には限られない。人間以外に，法律で権利能力を認められた主体もある。すなわち，一定の要件を満たした団体やまとまった財産にも権利能力が付与されている。これらは，法律上の「人」であるから，「法人」とよばれる。これに対して，人間は自然人とよばれることがある。法人については，代理について説明した後に，第5章で説明することにする。

2.2 権利能力の始期と終期

ここで扱うのは，人の権利能力である。問題は2つある。すなわち，第1に，いつ権利能力が発生するか，第2に，いつ消滅するかである。

2.2.1 権利能力の始期

(1)「出生」とは？

いつ権利能力が発生するかは，第3条第1項にあるように，出生の時である。したがって，出生の後に死亡すれば，たとえ，一瞬しか生きていなくても，一度は，権利能力の主体となり，ついで，権利能力を失ったことになる。たとえば，次のような事例を頭に思い描いてほしい。

　Aは難産だったために，Aの母Bは，Aが生まれた直後に死亡し，Aも，また，Bの死亡直後に死亡した。

　このとき，Aは，短い間であっても生きているので，前述したように，権利能力の主体となり，死亡した母Bの相続人として，Bの財産を相続する。そして，その後のAの死亡により，Aは権利能力を失うので，Aについて，相続が開始することになる。

　なお，誰が相続人になるかについては，(2)で述べる。これに対して，出生より前に生命がなくなった，つまり，「死体で生まれた」のであれば，この胎児の存在は完全に無視され，周囲の人たちの相続関係が決まってくることになる。

　このように，民法で，出生の時点が問題となるのは，胎児が「死体で生まれた」のか，「生きて生まれたのか」の決定を通して，周囲の相続関係に影響を及ぼすからである。したがって，このことを理解した上で，民法における出生の意義を定めるべきである。

　では，いつをもって出生とするか？　この問題について，民法は何も定めていない。ところで，刑法において，出生の時点が問題となるのは，堕胎罪（刑212条以下）と殺人罪（刑199条）を区別するためである。そこで，刑法では，母体から赤ちゃんが一部露出することで出生があったとされる。これに対して，民法において，出生の時点が問題となるのは，前述したように，相続との関係で，「生まれてから死んだ」のか，「死んで生まれた」のかが争われる場合である。そこで，民法における出生の時点は，いつから権利能力を与えるのが妥当か否か，どの時点から，権利・義務の主体としての地位を与えるのが妥当か否かという視点から判断されることになる。その結果，出生時点を明確にするべく，刑法におけるよりも後の時点をもって出生時とする。具体的には，学説の多数説は，赤ちゃんが生きて母体から分離した時を出生時点としている（全部露出説）。なお，このように，同じく「出生」という概念であっても，それが問題となる場面（いまの場合は刑法と民法）によって具体的に意味が異なることを概念の相対性という。

【学説について一言】

学説というのは，多種多様である。すると，いったいどれが「正解」なのか不安になると思う。しかし，「正解」は存在しない。法律の勉強は高校までの勉強とは異なり，「正解」を，ただ，やみくもに覚えることではないので，個々の学説を全部覚えようなどと思う必要はない。大切なことは，それぞれの学説がいったい何を問題としているのか，そして，それぞれの学説が与えている理由づけのうち，どの理由づけが納得でき，どの理由づけが納得できないのかである。ある問題について自分で考えるときに，どの点に気をつけるべきか，どのような理由づけをすべきかということを学説から学んでほしい。

(2) 胎児の権利能力

権利能力について，より問題となるのは，出生前の胎児の権利能力である。第3条第1項によれば，胎児は出生前なので，権利能力なしということになる。これが原則であるが，場合によっては不都合なことが起こる。

たとえば，相続の場合，第882条にあるように，被相続人（相続される人）の死亡と同時に，被相続人の有した権利・義務は相続人に帰属することになるので，相続人は，被相続人死亡時に，権利能力を有していることが必要となる。すると，第3条第1項を貫くと，出生前の胎児には権利能力はないので，胎児は，相続人になれないということになる。すると，たとえば，以下のようなケースでは，どうなるだろうか。

子ども（A）が生まれる2日前に，その父親（B）が交通事故で即死したとする。Bは，IT長者で株を上場して莫大な財産を有しており，Bが死亡した時の家族関係は以下の通りであった（図1）。

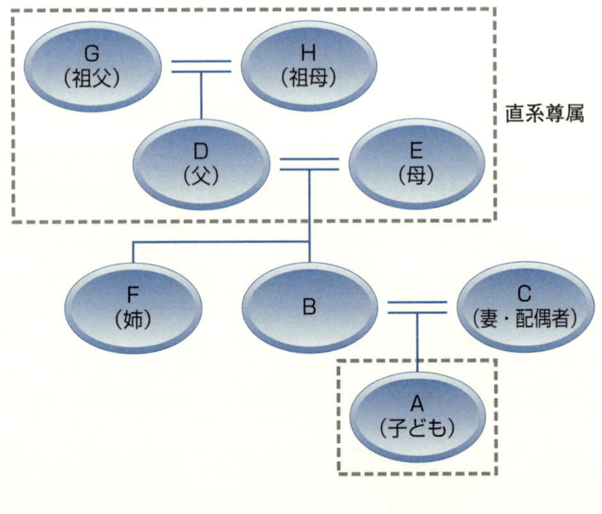

図1

まず，大雑把に，被相続人が遺言を残さなかった場合に，誰が，どれだけ相続するか，すなわち，相続人と相続分について説明する(900条)。

相続人には，配偶者（夫または妻）と血縁を有する者の2系統がある。

まず，配偶者は，常に，相続人になることができる（890条)。配偶者と並んで，血縁を有する者も相続人（900条の言葉を借りると，「同順位の相続人」）になることができるが，血縁を有する者については，相続人になる順番がつけられている。つまり，まず，子どもがいれば子ども（887条)，子どもがいないときは直系尊属（889条1項1号，ただし，親と祖父母がいる場合には，親等（726条）の近い者のみが相続人になる)，直系尊属もいないときは，兄弟姉妹（889条1項2号）となる。そして，それぞれの相続分は，900条にあるように，相続人が，配偶者と子どものときは，半分，半分（1号)，配偶者と直系尊属のときは，3分の2，3分の1（2号)，配偶者と兄弟姉妹のときは，4分の3，4分の1（3号）ということになる（図2)。

いま，第3条第1項を貫いて，B死亡時に胎児であったAには権利能力がないので相続人にはなれないとすると，相続人は妻(C）と直系尊属（DとE）になるので，Bの財産は，Cが3分の2,

配偶者	1/2	子	1/2
	2/3	直系尊属	1/3
	3/4	兄弟姉妹	1/4

図2

Bの両親であるDとEが2人で3分の1，したがって，6分の1ずつ相続することになる（900条4号）。これに対して，もし，Bが死亡したのが，Aの出生後だとすると，相続人は妻と子（A）になるのでCとAがそれぞれ2分の1ずつ相続することになる。しかし，Aが，たまたま，いつ生まれたかでこのような差がつくのはおかしい。そこで，第886条第1項は，「胎児は，相続については，既に生まれたものとみなす」と規定した。本当は生まれていないものを生まれたことにしましょうという規定であることから，胎児の出生擬制とよばれる。ただし，第2項にあるように，胎児が死体で生まれたときは，この規定は適用されない。

したがって，いまの例では，Aは，B死亡時に生まれていなくても，後に，生きて生まれれば，Bの相続人になるので，Bの財産は，妻であるCと子どもであるAに半分ずつ行く。そして，Aが，生きて生まれた後に死亡した場合には，AがBから相続した財産は，Aの唯一の相続人であるCに行く（最終的には，Bの遺産はすべてCに行く）。これに対して，Aが死産だった場合には，AはBの相続人にはなれないので，Bの財産は，Cに3分の2，DとEに，それぞれ6分の1ずつ行く。

同じような規定は，遺贈に関してもある（965条）。遺贈とは，遺言（いごん）による財産の処分である。そこで，たとえば，「自分が○○に持っている土地を，長女が妊娠している子どもに与える」という遺言がなされた場合には，遺言をした人が，この子が生まれる前に死んだとしても，その子は，遺贈を受けることができる。また，第721条も胎児の出生擬制に関する規定である。これは，たとえば父親が交通事故で死んだ時に，その子が胎児であった場合でも，子は，加害者に対して，自己固有の損害賠償請求ができるという規定である。

2.2.2 権利能力の終期

(1)「死」とは？

人の権利能力が消滅するのは，その死亡の時である。「死」とは何かをめぐっては，かつては，心臓が停止したときをもって死とされていたが，最近は，「脳死」をもって人の死とする考え方が主張されるようになってきた。そのため，脳死をどのように判定するか，さらには死とは何かが議論されているが，未だ，決着はついていない。平成9年（1997年）に「臓器の移植に関する法律」が制定され，脳死した者からの臓器移植ができるようになった。しかし，脳死が，相続など民法の問題においても死と扱われるかは，未だ，十分な議論はなされていない。

(2) 同時死亡の推定（32条の2）

同時死亡の推定は，相続関係の合理的処理を狙って，昭和37年（1962年）に立法された。

これは，たとえば，航空機事故で乗っていた親子が死亡し，その死亡の先後関係が不明な場合に，これらの者は，同時に死亡したと推定して，以後の法律関係を処理しようというものである。この規定ができる前は，遺産を早く押さえた者が勝ちだった。先ほどの図1の家系図を使って，考えてみよう。

> いま，AとBが死亡し，Bは金持ちであったが，Aは，ほとんど財産を持っていなかった。

すると，いま，Bの財産がどうなるかというと，

① BがAより先に死亡した場合　Bの遺産は，妻であるCと子どものAが，それぞれ2分の1ずつ相続する。ついで，Aが死

んだことで，Aの遺産は，すべて，Cが相続するので，結局，Bの遺産は，すべて，Cに行く。

② AがBより先に死亡した場合　Aは Bの相続人にはならないので，Bの遺産は，妻であるCに3分の2，直系尊属であるD，Eに6分の1ずつ行く。

すると，この場合は，①のBがAより先に死亡したと仮定した方がCにとっては有利である。そこで，Cが，BはAより先に死亡したと主張して，Bの遺産のすべてを押さえてしまったので，DとEが，自分たちには，Bの遺産について6分の1ずつの権利があると主張して，Cに対する訴訟を提起したとする。この場合は，ケンカを売った方，すなわち，訴訟を提起した原告であるDたちの方が，AはBより先に死亡したということを立証しないといけない。しかし，この証明は，ほとんど不可能に近いので，結局，早く，遺産を押さえた方が勝ちということになる。そこで，それでは不公平であるというので，第32条の2が新設された。第32条の2によれば，AとBは，「同時に死亡したものと推定」される。いまの例に即していえば，同時死亡が推定されるAとBの間では，お互い，他方の死亡時には死亡しており，権利能力はないので，相続は起こらない。

なお，同時死亡の推定は，同一の事故にあった場合だけではなく，おばあさんは川で洗濯をしていて溺れて死亡し，おじいさんは山に薪を取りに行って雷に打たれて死亡したという具合に，別々に死亡したが，どちらが先に死亡したかわからない場合にも適用される。

ところで，気をつけなければならないのは，同時死亡の推定は，「推定」であるから反証を挙げて覆すことができるということである。この点，次に述べる失踪宣告（31条）における「みなす」とは異なる。「みなす」にあっては，反証を挙げても覆すことはできない。法律においては，この「推定」と「みなす」のように，法律効果が異なるものがあるので，言葉を大切にすることを心がけてほしい。

(3) 失踪宣告（30条～32条）

1. 失踪宣告の意義

民法第25条から第32条までは，同じ節ではあるが，その標題「不在者の財産の管理及び失踪の宣告」が示すように，2つの違ったものが含まれている。もちろん，両方とも，不在者，すなわち，従来の住所または居所を去って，容易に帰ってくる見込みのない者に関する規定ではある。しかし，第25条から第29条までは，やがて帰ってくるという前提で，その者が残していった財産の管理をしてやろうという立場で規定されている。これに対して，第30条から第32条までは，もう帰ってくる見込みがなく，おそらく死亡したという前提で，一定の手続で死亡したものと宣告して，法律関係の安定――相続の開始や婚姻の解消など――を図ろうとするものである。

不在者の生死不明の状態が長期間続き，帰ってくる見込みがないと，その者をめぐる法律関係を確定することができず，関係者が困ることがでてくる。たとえば，妻が，失踪した夫の不動産を売却して生活費を捻出しようと思っても，夫が生死不明の状態である以上，不動産の所有者は依然として夫であり，したがって，妻は，当然には，夫の財産を売却できるものではない。そこで，民法は，不在者の生死不明の状態が長期間続いた場合に，一応，その者の死亡を擬制して，その者の従来の住所を中心とする法律関係を確定する制度を設けた。それが，失踪宣告である。失踪宣告を受けた者は，従来の住所を中心とする私法的法律関係については，死亡したものとして扱われることになる。死亡したものとして扱われると，具体的には，たとえば，失踪宣告を受けた者を被相続人とする相続が開始したり，また，残された配偶者は，失踪宣告を受けた者との婚姻関係が解消するので，再婚が可能となる。

2. 要件と効果

失踪宣告の規定について，第1に注意すべきことは，要件である。普通失踪（30条1項）と特別失踪（30条2項）に分かれている。普通失踪は，7年間の生死不明で申立てが可能となるのに対して，特別失踪は，戦災・海難などの危難に遭遇した者が1年間，生死不明である場合に申立てが可能になる。

第2に，死亡したものとみなされる時期を注意しなければならない。宣告を申し立てた時でもなく，宣告された日でもない。普通失踪の場合には，失踪期間である7年間の期間満了の時であり，特別失踪の場合には，危難の終わった時である（31条）。これは，危難に遭遇して行方不明になった者が1年も消息を絶っているときは，危難で死亡したと見るのが常識に合っているからである。

第3に，宣告の効果である。死亡したものとみなされるのだから，1. で述べたように，相続が開始し，婚姻が解消する。したがって，残された配偶者は再婚が可能になる。ただし，配偶者の生死が3年以上明らかでないことは離婚原因となる（770条1項3号）ので，残された配偶者は婚姻を解消するだけなら，7年間も待つ必要はない。

また，失踪宣告は，従来の住所を去って，一定期間生死不明の者を死亡したことにして，財産上・身分上の法律関係に一応の決着をつけようとすることを目的とする制度である。したがって，失踪宣告がなされると，従来の住所を中心とする私法上の法律関係に関してだけ死亡したものと扱えば足り，権利能力まで剥奪する必要はない。そこで，失踪者が，実は，他の場所で生きていて法律関係を持った場合は，この法律関係には失踪宣告の効果は及ばないので，同人の権利・義務の取得は妨げられることはない。

3. 失踪宣告の取消し

失踪宣告をめぐってもっとも重要なのは失踪宣告の取消しの効果である（32条）。

失踪宣告がなされると，死亡したものと「みなされる」ので，本人がひょっこり帰ってきたからといって，宣告は，当然には，効力を失わない。失踪宣告の効果をくつがえすためには，本人または利害関係人は，家庭裁判所に，失踪宣告の取消しを請求して，失踪宣告を取り消してもらわなければならない（32条1項本文）。

失踪宣告が取り消されると，失踪宣告は，はじめに遡ってなかったものとして扱われる。すなわち，失踪宣告が取り消されると，法律上は，失踪宣告がなかった状態に戻るので，失踪宣告によって生じた法律関係の変動も，はじめに遡ってなかったことになる。たとえば，失踪宣告によって開始した相続は，その原因となった失踪宣告が取り消されると，相続もなかったことになる。しかし，それでは，失踪宣告を契機として利害関係を持つに至った人々の利益を害することになるので，民法はこれらの人々を保護するために，第32条第1項第2文および第2項をおいた。

[1] 第32条第2項

第32条第2項から説明しよう。同項は，まず，本文で「失踪の宣告によって財産を得た者は，その取消しによって権利を失う」と定める。ここで，「失踪の宣告によって財産を得た者」とは，相続人，受遺者，生命保険金受取人などのように，失踪宣告を直接の原因として財産を取得した者をいう。

これらの者は，失踪宣告の取消しがあると，失踪宣告を原因として取得した財産に対する権利を失うので，それらの財産や，あるいはすでに処分した場合には処分の対価を保持する法律上の原因がなくなるので，それらを返還しなければならない。これは，失踪宣告の取消しから論理的に導かれる効果である。しかし，その返還の範囲について，第32条第2項但書は，全部返還するのではなく，「現に利益を受けている限度」で返還すればよいと定めている。ここで，「現に利益を受けている限度」とは，不当利得に関する第703条が定める「利益の存する限度」と同じである。したがって，第32条第2項但書は，返還の範囲について現存利益としていることになる。

では，「現存利益」とは何なのだろうか？「現存利益」とは，取得した財産が原形のままであれ，形を変えてであれ（処分して代金が入った場合），現存する限りのものをいう。たとえば，取得した不動産なら不動産を処分したところ，現金が入ったのをよいことに，うれしくなって，慣れぬ大散財をして，一晩で空っぽになった場合は，現存利益はないので，返還しなくてもよいということになる。しかし，入った現金で借金を返済した場合は，借金は，本来，返さないといけないものだから，その分，自分の財産の減少を免れたので，現存利益ありということで返還しないといけない。

なお，第32条第2項は，返還の範囲について，財産を得た者の善意・悪意を区別していない。ここで，一つ，大事な注意をしておく。民法で善意・悪意といった場合には，日常語での善意・悪意とは意味が異なる。日常語では「善意」という言葉は，たとえば，「あの人は善意のかたまりだ！」という具合に，道徳的あるいは倫理的によいという意味で使われる。これに対して，民法で善意といった場合には，ある事実を知らないことを，悪意といった場合には，ある事実を知っていることを意味する。

さて，話を戻すと，不当利得に関する第703条，第704条では，財産を得た者（この者を不当利得では「受益者」という）の返還の範囲は，善意の受益者と悪意の受益者で異なる。すでに見たように，善意の受益者は現存利益であるのに対して，悪意の受益者は「受けた利益＋利息」という具合に返還の範囲が拡張されている。そこで，失踪宣告の取消しの場合にも，悪意者（たとえば，失踪宣告を受けた者が生きていることを知って財産を得た者）については，第704条と同様に，返還の範囲を拡張すべきであるという説が有力であり，ここは議論のあるところである。

[2] 第32条第1項第2文

[1] で見たように，失踪宣告を原因として財産を相続した相続人は，失踪宣告が取り消されると，相続した財産を失踪宣告の取消しを受けた者に返還しなければならない。それでは，相続人が，失踪宣告が取り消される前に，その財産を第三者に売却していた場合には，買主である第三者は，この財産を失踪宣告の取消しを受けた者に返還しなければならないのだろうか。この問題について規定しているのが，第32条第1項第2文である。

> Xの失踪宣告後，その失踪宣告が取り消される前に，Xの相続人Aは，Xから相続した甲不動産をYに売却した。このとき，Yは，Xに，甲不動産を返還しなければならないのだろうか。

実は，第32条第1項第2文が規定していることを理解するためには，物権変動の理解が不可欠である。したがって，この部分は，いまは，理解できなくてもがっかりすることはない。第11章を読んだ後に，もう一度，戻ってきて読んでほしい。

第32条第1項第2文は，失踪宣告の取消しは，「失踪の宣告後その取消し前に善意でした行為の効力に影響を及ぼさない」と規定している。この第2文がないと，どうなるかというと，Xの失踪宣告が取り消されると，AはXを相続しなかったことになるから，A

は甲不動産の所有者であったことは一度もなかったということになるので，AはYに対して，他人（X）の不動産を売却したことになる。すると，Yは，甲不動産の所有権を取得することはできず，所有者であるXからの甲不動産の返還請求に応じなければならなくなる。これに対して，第32条第1項第2文は，AY間の売買が善意をもって行われた場合には，Yは所有権を取得することができると定めている。ここで善意とは，[1]で述べたように，失踪宣告が事実に反することを知らないことを意味する。

なお，ここで，善意は，売買契約の両当事者であるAYともに要求されるのか，それとも，Xからの返還請求を拒否できる，いい換えると，第32条第1項第2文の直接の保護の対象であるYだけに要求されるのかという問題があるが，制度の概括的な理解を第一の目的とする本書では，問題の指摘にとどめたい。

善意のYが，さらに，Zに譲渡した場合に，Zが悪意だったら，Zは，Yと同様に，Xからの甲不動産の返還請求を拒否できるか（図3）。

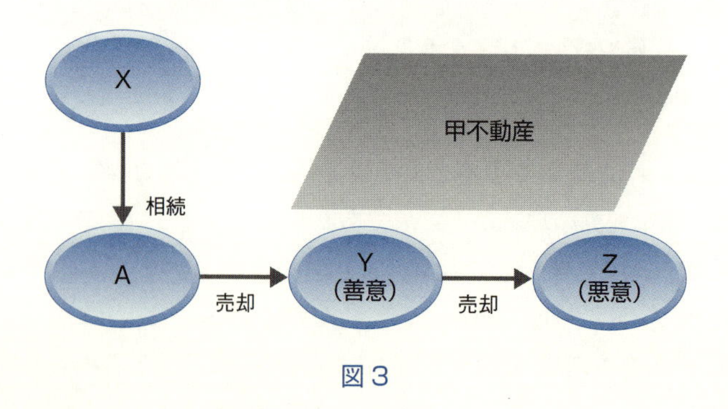

図3

この問題は，善意者保護規定においては，常に，存在する問題なので，第94条第2項を説明するときに扱う（3.4.2（5）参照）。

失踪宣告の取消しによって，重大な問題を引き起こすのは，いま説明した財産関係よりも身分関係である。

Aは，夫であるXの失踪宣告後，Yと再婚したところ，その後で，Xの失踪宣告が取り消された。この場合，この2つの婚姻の行方は，どうなるだろうか（図4）。

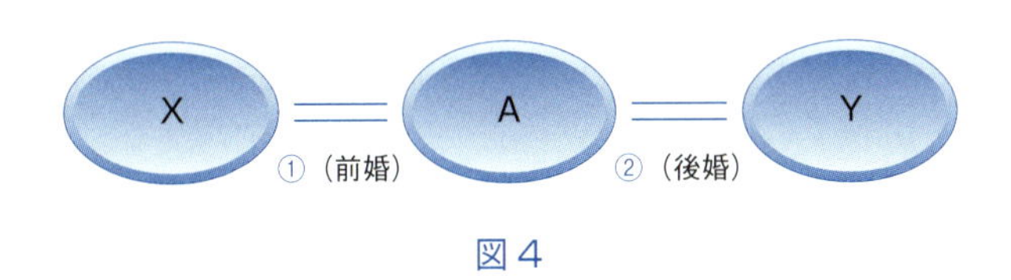

図4

この問題は，親族法の知識が不可欠なので，これ以上は立ち入らないが，一言だけ述べておく。現在は，方向性としては，この問題には，そもそも，第32条第1項第2文を適用しないで，前婚は復活せず，後婚を保護するという考え方が有力である。

(4) 認定死亡

水難，火災その他の事変によって死亡したことは確実だけれども，死亡を確認できない場合に，取調べをした役所が死亡の認定をすることが認められている（戸籍89条）。これが認定死亡の制度である。認定死亡の制度は，戸籍に死亡を記載するための戸籍上の手続であり，これにより戸籍上は死亡したものと扱われる。しかし，失踪宣告とは異なり，後に生存が確認されれば，それだけで戸籍の記載は効力を失う。

第3章 法律行為——契約を中心として

3.1 法律行為と意思表示

民法第一編第五章は法律行為，その第二節は意思表示と，耳慣れない言葉が標題となっている。「法律行為」「意思表示」とは，いったい何なのか。また，両者はいかなる関係に立つのだろうか？

まず，意思表示——「意思表示」の「意思」は「意志」ではないことに注意してほしい——とは，読んで字のごとくで説明になっていないといわれたら，それまでではあるが，ごく大雑把にいうと，私なら私がこうしたいと欲したことがらを外部の人に表現することである。そして，法律行為の典型としては契約を想起してもらえばよい。

たとえば，Xが「このパソコンを1万円で売りたい！」という意思表示をし，それに対応して，Yが「そのパソコン，1万円で買った！」という意思表示をし，両者の意思表示が合致すると，契約という法律行為が成立する。このことは改正前民法には定められていなかったが，改正前民法における大原則であった。そこで，新第522条第1項は，この大原則を正面から規定した。

契約という法律行為が成立すると，Xらの意思表示の内容通り，売主Xには，買主Yに対して，目的物であるパソコンを引き渡す義務（債務）が発生し，Yには，Xに対して，代金1万円を支払う義務（債務）が発生する。このように，契約，したがって，法律行為にあっては，当事者が欲したことに対して，その欲した内容に沿った法律効果が与えられる。

いま述べたように，契約にあっては，XとYの2つの意思表示の合致が必要なので，Xが，「このパソコンを1万円で売りたい！」という意思表示（申込）をしても，それだけでは，法律効果が発生するわけではない。Xが欲した法律効果が発生するためには，Yが，それに応じて，「買った！」という意思表示（承諾）をしなければならない。

しかし，法律行為には，遺言（960条以下）のように，一つの意思表示だけで法律効果を生じるものもある。そこで，法律行為とは，通常，「それを行う者の意思表示の内容通りの法律効果が発生する行為」と定義される。ここでは，法律効果の発生を欲する各個人の意思表示と，その欲した法律効果が生じる法律行為が区別されていることがわかる。つまり，意思表示は，法律行為を組成する要素である。といっても，先に挙げた遺言からわかるように，法律行為は，必ず，意思表示が2つ以上結合しなければならないというわけではない。遺言のように1個の意思表示で構成される法律行為は**単独行為**とよばれる。ただ，現実には，法律行為として問題になるもののほとんどは契約である。逆に，法律行為は，契約をめぐって長年にわたって築き上げられた法理論が，単独行為をはじめとする契約と共通の性質を持つものを含めた上位概念として，一般化されたものといえよう。そこで，以下では，契約に即して，説明することにする。

3.2 契約の拘束力

3.1で述べたように，契約にあっては，両当事者が欲した内容どおりの法律効果が発生する。かつて，封建制の下においては，たとえば，領民は領民という身分ゆえに，自らが欲しないにもかかわらず，御領主さまに年貢を支払わなければならないなど，自らの意思に反した法律効果が発生することがあった。これに対して，契約にあっては，「両当事者が欲した内容どおりの法律効果が発生する」とあるように，当事者の意思に反した法律効果が発生することはない。

ところで，契約が守られない場合には，国家は，その実現に助力を与える。すなわち，契約にあっては，それが守られない場合に備えて，その実現のための手段が，法律上，用意されている。

たとえば，AとBの間で，Aを売主，Bを買主とする車の売買契約が締結されたとする。このとき，もし，Aが契約通り，車を売ってくれない場合には，Bは，裁判所に訴えて，判決をもらい，Aの意思に反しても車をとってくることができる。すなわち，契約にあっては，最終的には，相手方の意思に反しても，国家の助力によって，強制的に契約を実現することができる。このように，契約の後ろには，国家の強制力が控えているので，相手方は，簡単には契約を破らない。したがって，取引社会が円滑に維持されるということになる。

しかし，ここで注意しなければならないのは，国家の強制力といった場合，単に，法律に，「契約が守られない場合には，国家は，これこれのことをします」と書いてあるだけでは足りず，それは，ちゃんと発動すべき時に発動されるものでなければならないということである。取引社会が円滑に維持されるためには，契約が守られない場合に，その実現に助力を与えてくれる国家機関，具体的には裁判所が，ちゃんと働いてくれなければならない。ちゃんと働いてくれなければ，結局のところ，契約は破り放題ということになってしまう。そして，世界には，このような国は，まだまだたくさんあるということは，記憶の隅にとどめておいてほしい。

以上，述べたところからわかるように，契約は，単に，道徳的に当事者を拘束するだけではなく，法的にも，当事者を拘束している。それでは，契約には，なぜ，そのような拘束力が与えられるのか？ トートロジーに聞こえるかもしれないが，結局のところ，それは，当事者が欲したからである。すなわち，契約の拘束力は，当事者の意思に求められることになる。しかし，このことが正当化されるためには，各個人は，その意思に基づいて，自由に契約を締結できる，相手方との交渉により，自由に契約内容を定めることができるということが前提とならなければならないが，現在においては，その前提は維持できなくなっている。それについては，3.4.1（6）で述べることにする。

3.3　契約の有効要件——総論

契約は，3.1 で述べたように，当事者の意思表示の合致によって成立する（新 522 条 1 項）。契約が成立すれば，その内容どおりの効力が発生する。これが大原則である。しかし，これには，以下に述べるように，例外がある。

契約の拘束力の源は，当事者の意思にあるといった。このことは，逆にいうと，当事者は，欲しないことには拘束されないということを意味する。したがって，**契約が拘束力を持つためには，当事者が真に欲したことでなければならない**ということになる。表面的に見ると，意思表示が合致していれば，契約は，一応は成立する。しかし，その契約が拘束力を持つ，言い換えると，内容どおりの効力が発生するためには，当事者が真に欲したことでなければならない。

ここで，当事者が真に欲したことであるというためには，まず，第1に，当事者には意思能力（後述 3.4.1（2）），行為能力（後述 3.4.1（3））がなければならない。意思能力，行為能力を必要とするということは，当事者が，契約に際して，その契約の内容を理解して，それによって，自分がどんな義務を負い，権利を取得するかがわかっていなければならないということを意味する。

次に，意思能力，行為能力があっても，具体的に契約を締結するに際して，本当は欲していないにもかかわらず意思表示をしてしまった場合に，その契約の効力がどうなるかという問題がある（後述 3.4.2）。

以上，述べたように，当事者が真に欲したものであれば，契約は効力を有する。このことは，裏からいえば，当事者は自由に契約内容を定めることができるということである。このことは，契約自由の原則とよばれ，改正前民法では規定がなかったが，新法では，新たに規定された（新 521 条 2 項）。では，なぜ，契約自由の原則なのだろうか。契約によって作り出されるのは，人の人に対する権利であるところの債権である。債権は，あくまでも，債権者と債務者の2人の関係であり，その2人以外の人には無関係である。2人の世界であるならば，2人が「それでよい」と思っていれば，それでよいではないか，「どうぞ，ご自由に！」というわけである。これが原則である。

しかし，新第 521 条第2項も，「契約の当事者は，法令の制限内において，契約の内容を自由に決定することができる」と規定しているように，ものには限度というものがある。たとえば，AB 間で，A が C を殺したら，B が A に1億円支払うという契約を締結したとする。契約が効力を持つということは，当事者が契約を守らなかったら，国家が，その実現に助力を与えるということを意味する。

しかし，このような殺人契約の実現に国家が助力を与えるわけにはいかない。このように，当事者が真に欲したものであっても，内容が妥当でない契約については，その効力を認めるわけにはいかない（後述 3.5）。

以上をまとめると，契約は，当事者の意思表示の合致によって，一応，成立するが，その契約は，当事者が真に欲したものであり，かつ，内容が妥当であって，はじめて，効力を有するということになる。そして，以上に述べたところから明らかなように，同じく有効要件といっても，「真に欲したか」に係わるものと「内容の妥当性」に係わるものがある。本書では，まず，「真に欲したか」に係わるものから説明することにする。

3.4　契約の有効要件――各論（1）：「真に欲したか」に係わるもの

3.4.1　当事者に係わる有効要件

（1）権利能力・意思能力・行為能力の関係

2.1 で述べたように，人であれば，生まれたばかりの赤ん坊であっても権利能力を有している。権利能力とは，権利・義務の帰属主体となることができる地位のことを指す。したがって，生まれたばかりの赤ん坊でも，親の相続人として，親が残した財産の所有者になることはできる。この場合，注意すべきことは，相続にあっては，被相続人の死亡と同時に自動的に相続は開始するので，相続人は，何もしなくても，被相続人の財産の所有者となるということである。そこで，生まれたばかりの赤ん坊であっても，権利能力は持っているので，相続によって，相続財産の所有者になることができるというわけである。

これに対して，生まれたばかりの赤ん坊あるいは意識不明の重病人は，自分で契約して，権利義務を取得することは不可能である。権利義務の主体になれること――権利能力を有していること――と，契約に代表されるように，自分の行為によって有効に権利を得たり，義務を負うことができるということは別のことである。自分で契約して，有効に，権利を取得したり，義務を負担するためには，その者が，意思能力，行為能力という2つの能力を持っている必要がある。

(2) 意思能力

近代法のもとにおいて，判断能力のない者が行った契約は，法律上，効力を持たない，すなわち無効とされる。なぜ，そうなのかというと，繰返しになるが，契約が有効であって，人がその契約に拘束されるのは，その人が，その内容を真に欲したからである。ここで，「真に欲した」といえるためには，契約の当事者が，その契約がいかなる内容のもので，それによって，自分は，どんな権利を得，義務を負うかがわかっていなければならないからである。

そこで，たとえば，泥酔し前後不覚に陥っている者は，正常な判断能力を有していないので，有効な契約を締結することはできない。これは，2，3歳くらいの子どもでも同様である。この判断能力を「意思能力」といい，子どもの場合は，通常，6，7歳くらいから備わるとされる。

このように，判断能力のない者の行為は無効である。より正確にいえば，判断能力のない状態でなされた行為は無効である。したがって，意思能力のない状態で行われた契約は無効ということになる。(3) で述べる行為能力とは異なり，意思能力は，効力が争われる行為を行った時に，行為者にあったか否かが問題となる。たとえば，認知症の老人であるAがB証券会社との間で，株式を購入する契約を締結した場合，契約時に，Aに意思能力があれば契約は有効になり，意思能力がなければ無効となる。改正前民法には，このことを定めた明文の規定はなかったが，当然の前提とされていた（大判明治38年5月11日民録11輯706頁）。そこで，新法は，その旨の規定をおいた。すなわち，「法律行為の当事者が意思表示をした時に意思能力を有しなかったときは，その法律行為は，無効とする」と規定する新第3条の2である。

ただし，この場合の「無効」の意味が問題となる。もともとは，この無効は誰からでも主張できる（絶対的無効）と解されていた。しかし，この無効は，正常な判断能力がない人を自分が行った行為の拘束から免れさせるためである。すなわち，正常な判断能力がないのに契約等を行った人（表意者）を保護するための制度であることが強く意識されるにつれて，本人以外は，無効を主張することのできない無効（相対的無効）と解すべきだとされるようになってきた。たとえば，泥酔状態で契約を締結した人が，後で，正気に戻ってから，「泥酔状態で契約したけれども，そんなに損な話でもないから，まあ，いいや」と思っているときに，契約の相手方から，「契約を締結した時に，あなたは泥酔状態で意思能力がなかったから，あの契約は無効だ！」と言わせる必要はないということである。その意味で，ここでの無効は取消しに近い。

(3) 行為能力

民法第一編第二章第二節（4条以下）は，「行為能力」という見出しである。では，行為能力とは何であろうか。

（2）で述べたように，意思能力のない状態の人が行った契約は無効であり，その人は，当該契約に拘束されることはない。意思能力という概念が存在することによって，判断能力のない者が一方当事者として行った契約は無効とされ，したがって，判断能力のない者は保護されることになる。

しかし，「私，契約をした時には，意思能力がなかったので，この契約は無効です！」という主張が認められるためには，無効を主張する者が，「契約を結んだ時，意思能力がなかった！ 判断能力がまったくなかった！」ということを立証しないといけない。しかし，過去の一時点において判断能力がなかったということを証明するのは容易なことではないということは想像に難くない。そこで，民法は，一定のカテゴリーに属する者（これらの者を，民法は，第20条にあるように，まとめて「制限行為能力者」とよぶ）は，行為のとき，自分が制限行為能力者であったということを証明しさえすれば，それだけで，その行為を取り消して無効とすることができるという制限行為能力者制度を作った。

制限行為能力者とは行為能力を持たない者のことをいう。したがって，行為能力とは，意思能力とは異なり，行為を行った時点において，あったかなかったかが問題とされるものではない。行為能力とは，有効に契約を締結する（法律行為を行う）ことができる資格のことである。そこで，制限行為能力者は，自ら，有効に契約を締結することができる資格のない者をいう。

制限行為能力者制度の第1の機能は，いま，述べたように，意思能力がない状態で行為をしてしまった者が行為の効力を否定しようとするためには，行為当時に意思能力がなかったことを証明しなければならないという重荷を取り除く点にある。しかし，制限行為能力者制度の機能は，これにとどまるものではない。

世の中には，意思能力は備えているが，取引上の判断能力，すなわち，損得計算をする能力までは備えていない者もいる。意思能力というのは,「真に欲した」といえるための最低限必要な判断能力を意味する。そこで, 意思能力はあると判断される者だからといって, 魑魅魍魎（ちみもうりょう）が闊歩する厳しい経済的な競争の場において, ただちに一人前に扱ってよいかという問題がある。このように判断能力の劣った者は, 悪賢い人の食い物にされかねず, 保護する必要がある。しかし, 判断能力が劣っているとはいっても, とにかく意思能力がある以上は, 意思能力がなかったことを理由として, その締結した契約を無効とすることはできない。そこで, たとえ意思能力があるにしても, 取引上の判断能力までは備えていない人を, 制限行為能力者として, 一律に, その行為を取り消しうるものとして, これらの者を保護することにした。これが制限行為能力者制度の第2の機能である。

以上, 述べたことからわかるように, 制限行為能力者の範囲は形式的・画一的に定める必要がある。民法は, 具体的には, 制限行為能力者について, 未成年者, 成年被後見人, 被保佐人, 被補助人という4つのカテゴリーを定め, これらの者が単独で締結した契約は, 後になって取り消すことができるとしている。逆にいえば, 制限行為能力者以外の者は, 完全な行為能力を有するということである。したがって, 制限行為能力者以外の者が行った契約は, 他に無効・取消原因（後述 3.4.2 参照）がない限りは有効である。

なお, 制限行為能力者のうち, 成年被後見人, 被保佐人, 被補助人は, 知的・精神的能力の低下した成年者を想定したものであり, 同じく制限行為能力者とはいっても, 未成年者とは, やや, その性質を異にしている。また,（2）で述べたように, 完全な行為能力を有する者であっても, 意思能力がない状態（たとえば, アルコールや薬物使用による場合など）で行った契約は, 無効とされる。

1. 未成年者

未成年者とは，満20歳に達していない者のことである（4条）。なお，平成30年（2018年）6月，成年年齢を18歳に引き下げる改正民法が成立した。改正法は，2022年4月1日から施行されるので，それ以降は，未成年者とは，満18歳に達していない者になる。

未成年者は，「法律行為をするには，その法定代理人の同意」を得ること（5条1項）が要求され，もし，法定代理人の同意を得ないで法律行為を行った場合には，この法律行為を取り消すことができる（5条2項）。「法定代理人」とは，未成年者の場合，通常は，親（親権者）であり（818条，824条），親がいないときには，後見人が選任される（838条1号，859条）。この後見人は，次の2. で述べる成年後見人と区別する意味で，未成年後見人とよばれる（839条）。

たとえば，18歳のAが，おじいさんから遺贈を受けた土地を売却する場合には，法定代理人の同意が必要である。そこで，Aが，親の同意を得ないでBとの間でこの土地の売買契約を結んだとする。このとき，親は，この契約を取り消すことができる。なお，この取消しは，法定代理人である親がしてもよいし，未成年者であるA自身がしてもよい（120条）。この場合，未成年者であることを理由にAがした取消しを取り消すということは認められていない。なぜなら，取消しによって，要に，契約をしていない元の状態に戻るだけであるから，取消しによって不利益が生じるわけではないからである。なお，取消しの効果については，3.6.1で述べる。

ところで，親や未成年後見人は，法定代理人であるから，未成年者に同意を与えるかわりに，未成年者の代理人として未成年者にかわって契約することもできる（代理については第4章参照）。意思能力すらない年齢の子どもの場合には，そうするしかないであろう。

ただし，未成年者は制限行為能力者ではあるが，第5条第1項但書，同条第3項および第6条に例外が定められており，これらの場合には，未成年者は単独で有効に契約を締結することができる。すなわち，これらの場合は，未成年者は，法定代理人の同意を得ないで契約を締結しても，制限行為能力者であることを理由に当該契約を取り消すことはできない。例外については，各自，条文を読んで，それぞれ，ストーリーを考えてほしい。また，未成年者が婚姻した場合には，成年とみなされる（753条）（成年擬制）。ただし，成年とみなされるのは私法上の行為に限るので，婚姻したからといって，公権——選挙権のような国家に対する権利——が与えられるわけではない。なお，第753条は，その経緯の説明は省くが，平成30年（2018年）6月の民法改正により，削除された。

ところで，満20歳に達するかどうかは，一日違いで生じる。昨日は制限行為能力者であった者が，今日は行為能力者となる。しかし，人の能力は，たった一日でそんなに変化するものではない。また，人によっては，15，6歳で十分な判断能力を有する者もいれば，20歳になっても十分な判断能力を有しない者もいる。これは，制限行為能力者制度は，個々人の精神能力の程度の証明を必要とせずに，未成年者については一律に取引社会への参加資格を制限する制度だからである。

2. 成年被後見人，被保佐人，被補助人

これらは，未成年者とは異なり，年齢などによって一律に決まるわけではない。一定の要件を満たし，かつ，一定の者の請求に応じて，家庭裁判所により後見，保佐あるいは補助開始審判がなされた者をいう（7条，11条，15条）。ここで，一定の要件とは，「精神上の障害により事理を弁識する能力（ものごとの当否を判断する能力）」を，成年被後見人にあっては「欠く常況にある者」，被保佐人に

あっては「著しく不十分である者」，被補助人にあっては「不十分である者」である。また，それぞれの審判を請求できるのは，本人，配偶者，四親等内の親族（いとこくらいまで），検察官等，第7条，第11条，第15条で定められた者に限られる。いくら精神上の障害により事理弁識能力が充分でなくても，後見開始審判，保佐開始審判，補助開始審判がなされない限りは，成年被後見人，被保佐人，被補助人とはならない。したがって，それらの者が行った契約の効力をくつがえすには，契約時において，その者が意思無能力であったということを証明しなければならない。

後見開始審判，保佐開始審判，補助開始審判がなされると，成年被後見人には成年後見人，被保佐人には保佐人，被補助人には補助人がつけられる（8条，12条，16条）。そして，戸籍とは別に作成された後見登記等ファイルに，その旨が記載される（後見登記等に関する法律参照）。後見登記等ファイルに記録された事項については，プライバシー保護の観点から，誰もが，登記事項証明書の交付を請求できるわけではない。そこで，取引の相手方から，その行為能力に疑念を持たれた者は，自分を成年被後見人等とする記録がない旨を証する登記事項証明書の交付を受け，これを相手方に提示することによって，相手方の疑念を晴らすことができる。

なお，家庭裁判所は，成年被後見人，被保佐人，被補助人の事理弁識能力が回復した場合には，本人等の請求により，後見開始審判，保佐開始審判，補助開始審判を取り消さなければならない（10条，14条，18条）。

[1] 後　見

前述したように，成年被後見人には成年後見人がつけられる。成年被後見人が契約を締結したときは，未成年者の場合と同様に，取り消すことができる。

ただし，気をつけなければならないのは，未成年者の場合とは異なり，成年被後見人の場合には，たとえ，成年後見人の同意を得て契約をしても，その契約は取り消すことができる（9条本文）ということである。というのは，成年被後見人は「事理を弁識する能力を欠く常況にある者」であり，ために，意思能力がない状態が通常である。すると，成年被後見人が成年後見人の同意を得て契約を行った場合，制限行為能力を理由とする取消しを認めないとしても，意思無能力を理由とする無効主張は可能である。しかし，意思無能力を理由とする無効の場合には，前述したように，無効を主張する側が契約時に意思能力がなかったということを立証しないといけない。そのため，成年後見人の同意がある場合でも取消しを認めたほうが成年被後見人の保護になる。さらに，相手方にしても，成年被後見人が成年後見人の同意を得てやってきても，それだけでは安心できず，意思能力があるか否かをいちいちチェックしなければならず，かつ，そのチェックの正当性も後で裁判所によってひっくり返される危険もある。したがって，相手方についても，成年被後見人が成年後見人の同意を持ってきても，単独で行った場合には，常に，契約は取り消されるとしたほうが，取引の安全の面からも好都合であるからである。

なお，以上の原則に対して，第9条但書は「日用品の購入その他日常生活に関する行為」は取り消すことができないとして，例外を定めた。したがって，成年被後見人であっても，日常生活に必要な契約は，成年後見人の同意を得なくても単独で有効になしうる。

成年後見人は成年被後見人の法定代理人である（859条）。前述したように，成年被後見人は，成年後見人の同意を得ても有効に契約を締結することはできない。したがって成年被後見人を当事者とする契約は，成年後見人による代理によって行うことになる。

[2] 保　佐

被保佐人とは,「精神上の障害により事理を弁識する能力が著しく不十分である者」であって,家庭裁判所から保佐開始審判を受けた者のことをいう。ここで,「精神上の障害により事理を弁識する能力が著しく不十分である者」とは,意思能力はあるが,それ以上の利害得失の判断能力の劣る者のことをいう。被保佐人には保佐人が付される。

被保佐人が一定の行為を行う場合には保佐人の同意が必要であり,同意のない行為は,被保佐人および保佐人が取り消すことができる(13条4項,120条1項)。保佐人の同意が必要な行為は,第13条第1項に列挙してある借金や不動産の売買など重要な法律行為である(後述4.2.2参照)が,家庭裁判所は保佐人等の請求により,このリストに別の法律行為を追加することもできる(13条2項)。

ところで,保佐人は,成年後見人とは異なり,当然には代理権は認められないが,代理権を有する場合がある(876条の4)。ただし,ここで気をつけなければならないのは,後見人は当然に代理権を有し,その範囲も被後見人の財産についての広範なものであるのに対して,保佐人の代理権は,被保佐人本人または一定の者の請求により,家庭裁判所によって,特定の法律行為について付与されるものである。なお,この場合,被保佐人本人の意思を尊重すべく,本人以外の者の請求によって代理権を付与する場合には,本人の同意を必要とした(876条の4第2項)。この点,補助の場合も同様である。この代理権の例としては,たとえば,個別財産の処分や年金や預貯金の管理,介護契約の締結などが考えられる。

[3] 補　助

被補助人とは,成年被後見人,被保佐人と比べて,事理弁識能力は高いが,「精神上の障害により事理を弁識する能力が不十分であ

制限行為能力者の種類

種　類	審　判	同意不要の行為	管理者	同　意	代　理
未成年者	不要	5条1項但書, 5条3項, 6条, 753条*	親権者818条, 未成年後見人839条	5条1項	824条, 859条
成年後見制度					
被後見人	7条	同意の有無にかかわらず取消可。9条但書参照	成年後見人843条	不可	859条
被保佐人	11条	13条1項, 2項以外	保佐人876条の2	13条	876条の4
被補助人	15条	17条1項以外	補助人876条の7	17条	876条の9

＊ 平成30年6月の民法改正により削除。

る者」であって，家庭裁判所から補助開始審判を受けた者をいう（15条1項）。補助の制度によって，成年被後見人，被保佐人ほど判断能力が劣るわけではないが，軽度の痴呆・知的障害・精神障害の状態にあって取引上の判断能力に劣る者を保護することが可能となる。なお，被補助人本人には一定程度の判断能力があるので，後見，保佐類型とは異なり，本人以外の者の請求によって補助開始の審判をするには本人の同意が要件とされている（15条2項）。

補助の場合も，保佐の場合と同様に，被補助人が補助人の同意を得ないでした行為は，取り消すことができる。しかし，同意が必要な行為は，第13条第1項に規定されている行為の一部であって，家庭裁判所が補助開始審判において決定したものに限られる（17条

1項)。すなわち，補助の場合には，保佐とは異なり，補助人の同意を要する行為の範囲は，各被補助人ごとに，それぞれに必要な範囲で，柔軟に定められることになる。また，[2] で述べたように，補助にあっても，保佐と同様に，特定の行為について，補助人に代理権を付与する制度が採用された（876条の9)。

【任意後見契約】

未成年者を除く制限行為能力者にあっては，精神能力が衰えた時点になって，衰えた精神能力を補完するために，家庭裁判所によって成年後見人等が選ばれる。これは，制限行為能力者にとってみれば，自分が選んだわけでもない者が，自分の財産を管理するということを意味する。しかし，自分の精神能力が衰えた場合には，自分が信頼する人に財産の管理を託したいと思う人もいるだろう。そのようなニーズにこたえる制度が任意後見契約である。

任意後見契約とは，本人が精神上の障害により事理弁識能力が不十分な状況になった場合に備えて予め結んでおく委任契約である（任意後見契約に関する法律2条1号)。任意後見契約が現実に発動するのは，契約の一方当事者（委任者）の精神能力が衰えてからである。したがって，契約の他方当事者である受任者が，勝手放題をする可能性がある。そこで，そのような事態が起こらないように，任意後見契約にあっては，家庭裁判所が，受任者を見張るために任意後見監督人を選任することになっている（同法2条1号，4条)。なお，ここで気をつけなければならないのは，任意後見契約が現実に発動しても，本人は制限行為能力者にはならない，すなわち，本人の行為能力には影響がないということである。したがって，本人は，判断能力が劣っても，単独で有効な契約をなしうる地位にあるために，自分に不利な契約をする危険は常に存在する。

---

(4) 制限行為能力者の相手方の保護

民法は，制限行為能力を理由とする他にも，詐欺，強迫を理由として契約を取り消すことができる（96条）と定めている（3.4.2（7），（8）参照）。契約が取り消されると，契約ははじめに遡ってなかったことになる（121条）。いわば，敷いていた座布団をいきなり引っぺがされることになるので，取り消すことができる契約が取り消されないままに長期間放置されると，相手方や第三者の地位が不安定になる。そこで，民法は，これらの者を保護するために，取り消しうる行為一般について，法定追認（125条）と取消権の短期消滅時効（126条）という制度を設けた。

ところで，制限行為能力者制度は，未成年者，成年被後見人，被保佐人，被補助人が単独で行った行為を取り消しうることにして，これらの者を保護する制度である。これは，保護を受ける側にとっては，大変，ありがたい制度である。しかし，相手方にとっては，はなはだ迷惑な制度である。せっかく，契約をして，準備にとりかかったのに，後で，「実は，私，17歳なので，契約を取り消します！」と言われた日には，たまったものではない。特に，同じく取消事由である詐欺・強迫の場合には，取り消される相手方は，原則として，詐欺・強迫を行った張本人である。これに対して，制限行為能力者の相手方は，詐欺・強迫の場合の相手方とは異なり，社会的に非難されるべき事情は一般には存在しない。そこで，民法は，その点を考慮して，制限行為能力者制度に特有の相手方保護の制度を2つ設けた。

1. 相手方の催告権（20条）

相手方がイニシアティブをとって，法律関係の早期安定を図る制度である。たとえば，親の同意を得ないで取引した未成年者の相手方にしてみると，いつ取り消されるかと不安である。そこで，相手方は，未成年者の親（法定代理人）に対して，「取り消すか追認する——効力を有効に確定すること，したがって，以後，取消しはできなくなる——か，1か月以内に返事をくれ！」と催告することができる。もし，この場合，1か月以内に返事がなければ，追認があったものとみなされる（20条2項）ので，以後，取消しはできなくなる。

第20条は，法律関係の早期安定を図るために，制限行為能力者の相手方に催告権を与え，催告に対して制限行為能力者側が返事を出さなかった場合について，その効果を定めている。第20条は2つのグループに分けられる。すなわち，催告を受けた側が単独で追認できる場合には，その者が返事を出さなかった場合には追認を擬制している（同条1項，2項）。これは，取り消しうる契約であっても，取り消されるまでは有効だから，単独で追認できる者が催告期間内に黙っている場合は，契約の効果を維持する意思があると見るほうが素直だからである。逆に，催告を受けた側が単独で追認できない場合には，取消しを擬制している（同条3項，4項）。

なお，第20条第4項には，同じく制限行為能力者ではあるが，被保佐人，被補助人は催告の相手方として規定されている（4項）が，未成年者，成年被後見人は規定されていない。これは，未成年者，成年被後見人には意思表示の受領能力がないとされているからである（改正前98条の2，新98条の2柱書）。

2. 詐術（21条）

たとえば，未成年者がバイトでためたお金で親に内緒でバイクを買うために，学生証の生年月日の欄を書き換えて，相手方に21歳だと思わせて，バイクを買った場合を思い描いてほしい。このようなけしからん者を相手方の犠牲において保護する必要はない。そこで，民法は，自分が行為能力者であると信じさせるために「詐術（さじゅつ）」を用いた制限行為能力者から取消権を剥奪した（21

条)。しかし，制限行為能力者から取消権を剥奪するためには，その者が「詐術」を用いただけでは足りず，相手方が「詐術」にだまされて，その者を行為能力者であると信じたことが必要である。

詐術としては，先ほどの例のように，未成年者が自分は21歳だといって，自らが行為能力者であると偽る場合と，親の同意があるといって同意を偽る場合がある。民法が定めているのは前者の場合だけであるが，後者も前者に準じて，第21条の定める詐術に該当すると解される。

(5) 意思能力と行為能力の関係

いままで述べたところからわかると思うが，成年被後見人や6，7歳以下の子どもは，制限行為能力者であるとともに意思無能力であることが多い。では，同人が行った契約の効果はどうなるであろうか？ たとえば，

> 強度の精神病であるAが意思能力を欠く状態にあるとき，自分の土地をBに売却する契約を締結した。そこで，Bは，Aに対して，この土地を自分に引き渡すとともに，その登記を自分に移転するように請求してきた。Aは，Bの請求に応じなければならないか。

Aとしては，契約時に意思無能力であったことが証明できれば，それを理由として，この契約の無効を主張し，Bの請求をしりぞけることができる。このとき，Aに後見が開始されている場合には，Aは，成年被後見人——制限行為能力者——であることを理由にして，契約を取り消すことができる。無効なものは取り消す余地がないというべきではない。無効・取消しといっても，社会的事実としては，いったんは締結された契約の効果をひっくり返して，契約前の状態に戻すためのテクニックにしかすぎない。そこで，Aは，

無効，取消しのいずれを主張してもよい。これを二重効という。

(6) 近代民法が想定する人

以上，述べたところからわかるように，人について，民法がおいている規定は，権利能力と意思能力および行為能力のみである。したがって，民法は，人について，取引に携わるための最低限の能力である意思能力と取引に携わるための資格である行為能力があれば，あとは，取引に関しては，まったく平等の存在として規定している。このことは2つのことを意味している。

第1は，封建社会においては，人の権利能力は，その生まれ落ちた身分に応じて，異なった内容を持っていた。これに対して，近代民法は，封建的束縛から解放された平等な個人として人をとらえた。その歴史的意義の大きさは，いまさらいうまでもなかろう。

しかし，第2に，近代民法は，人を，各人の個性やその人のおかれている社会的状況を考慮しないで，きわめて抽象的な市民として把握している。すなわち，近代民法は，人間を，すべて，自由・平等な存在としてとらえるだけではなく，理性的であり，かつ，利己的であり，自らの意思にのみ従って行動する存在としてとらえている。このような抽象的・定型的な人間観は，当時の自由主義経済への要請――最低限のルールを定め，あとは，神の見えざる手が取引社会を実現するという要請――に合致したものであった。そして，近代民法は，このような人間観に基づいて，自由に契約を締結させ，自由に活動することを認めてきた。そこにあっては，なぜ，人は契約に拘束されるのかというと，誰にも拘束されない自由な状態で，合理的に判断して，それを欲したからであると説明されることになる。しかし，これが，現実にはフィクションでしかないことは明らかであろう。

たとえば，いま，労働契約を例にとろう。かつて，資本主義の初期の頃には，労働者と雇主の間には，経済力等大変な力の格差が存在した。このような状況下においては，自分の身以外に生活の糧を得る手段を持たない者たちは，とにかく，働かなければ食べていけないので，雇主のいうままに，労働契約を締結した。したがって，その内容は，当然，賃金の額にしても，労働時間の長さにしても，圧倒的に雇主に有利なものであり，労働者は，劣悪な労働環境におかれることになった。このような社会の矛盾を前にして，弱い立場にいる者の保護のために，各種の立法がなされた。たとえば，労働法，利息制限法，借地借家法，各種の消費者保護法等である。これは，従来の「強く，賢い人間」から，「弱く，愚かな人間」へと，人間観の再検討が迫られていることを意味している。

また，民法は，人には，財産がかなりあることを前提としている。民法が想定している人は，恒産を持ったいわゆる「ブルジョワジー」とよばれる人であり，民法が関わるのは，原則として，あくまでも財産を有する者のする取引行為である。たとえば，成年後見人は，身上配慮義務といって，その職務を行うにあたって，成年被後見人の意思を尊重し，その心身の状態・生活の状況に配慮する義務を負う（858条）。とはいっても，その職務は，あくまでも，契約などの法律行為に関するものに限られる。したがって，介護施設との入所契約や医療契約の締結が，その職務に含まれるとしても，実際の介護のような事実行為は含まれないことに注意すべきである。すると，財産のない制限行為能力者には，民法の規定は大きな意味を持ってはいない。いや，かえって邪魔になる場合もある。

たとえば，未成年者が働く場合を考えてみよう。この場合，未成年者は雇主との間で労働契約を締結しなければならない。このとき，民法の規定をそのまま適用すると，親は子の法定代理人であるから，子の同意を得ると，子に代理して労働契約を締結することができる(824条但書)。すると，親は適当に子の同意を取りつけると子を働きに出すことができる。さらに，親は，子にかわって賃金を受け取ることもできるので，雇主としては，親が出てきたら，賃金を払わないわけにはいかない。つまり，民法の規定を前提にする限り，未成年者は，親の食い物にされかねないことになる。そこで，この場合，未成年者の保護は社会法に委ねられることになる。たとえば，労働基準法第58条第1項は，法定代理人が未成年者にかわって労働契約を締結することを禁じており，第59条は，法定代理人が未成年者にかわって賃金を受領することを禁じている。このように財産を持たない制限行為能力者の保護にとって重要な役割を演ずるのは，民法ではなく，労働法やその他の社会法である。

3.4.2 「真意」に係わる有効要件

(1) 概　観

3.2で述べたように，契約の拘束力の源は，「当事者の意思」にある。すなわち，なぜ，契約に拘束されるかというと，それは，当事者が欲したからであるということになる。このことは，逆にいうと，当事者は，欲しないことには拘束されないということを意味する。すなわち，契約が拘束力を持つためには，当事者が真に欲したことでなければならないということになる。表面的に見ると，意思表示が合致していれば，契約は，一応は成立する。しかし，その契約が拘束力を持つためには，当事者が真に欲したことでなければならない。

ここで，当事者が真に欲したことであるというためには，まず，第1に，3.4.1で見たように，当事者には意思能力，行為能力がなければならない。意思能力，行為能力を必要とするということは，当事者が，契約に際して，その契約の内容を理解して，それによって，自分がどんな義務を負い，権利を取得するかがわかっていなければならないということを意味する。

次に，意思能力，行為能力があっても，具体的に契約を締結するに際して，欲していないにもかかわらず意思表示をしてしまった場合に，その契約の効力がどうなるかという問題がある。この問題については，民法は，第93条から第96条までの規定をおいている。これらの規定は，19世紀のドイツ法学における意思表示論の影響を受けたものである。

この意思表示論は，意思表示の成立過程を分析して次のようにいう。ここでは，AB間におけるアップル堂の特製アップル・パイ1個の売買契約を例にとることにする。

買主Aに即していえば，Aが，明日は，お母さんの誕生日なので，お母さんの大好きなアップル堂の特製アップル・パイを買おうと思ったとする。ここで，「明日はお母さんの誕生日なので」これが動機である。そこで，「では，アップル堂の特製アップル・パイを買おう」と思うのが効果意思，「その旨を相手に伝えよう」と思うのが表示意思，そして，実際に相手にその旨伝える行為が表示行為とよばれる。すなわち，意思表示は，ある動機をもって，効果意思を決定し，この効果意思を発表しようとする表示意思によって，表示行為を行うという過程を経て成立する。

①動機　➡　②効果意思　➡　③表示意思　➡　④表示行為

この意思表示の成立過程では，効果意思が意思表示の中核にすえられるとともに，効果意思の形成以前の心理過程は動機として，効果意思と質的に異なるものとして位置づけられているところがポイントである。なお，同じく効果意思といっても，内心の効果意思といわれるものと表示上の効果意思といわれるものがある。このうち，前者は，表意者が自分の内心で思っていた効果意思であり，真意ともいう。これに対して，後者は，表示行為を通して外部の者から「こうこうしたいつもりであろう」と推測判断される効果意思である。

さて，いったん行った意思表示に対して，「こんなはずではなかった」と思う場合には，内心の効果意思と表示上の効果意思が食い違う場合もあれば，思い違いによって，効果意思を形成したという場合——たとえば，明日はお母さんの誕生日だと思って，奮発して，アップル堂の特製アップル・パイを買ったら，誕生日を間違えていたという場合——もある。すなわち，前者では，効果意思に不具合があるのに対して，後者では，動機に不具合がある。そして，改正前民法は，前者を意思の欠缺（けんけつ），後者を意思表示の瑕疵（かし）」として区別している。すなわち，改正前民法では，当事者が真に欲したものではなかったということを理由として，意思表示の効力を否定する場合には，効果意思の不具合と動機の不具合の場合とでは，扱いを異にしていた。

(2) 意思表示の効力発生時期

(1) で述べたように，意思表示は表示行為をもって成立する。しかし，改正前第97条第1項は，新第97条第1項とともに，意思表示は相手方に到達してはじめて効力がある（到達主義）と規定している。この規定は，意思表示の相手方が，自分の目の前におらず，離れたところにいる者（隔地者）の場合に意味がある。ここで，隔地者とは，単に，離れたところにいるということではなく，物理的に見て，ただちに意思表示が届くことができない状態にある者を指す。そこで，電話で話している場合には，相手方は，地球の裏側にいても，隔地者ではない。

改正前第97条第1項，新第97条第1項によれば，意思表示が届かないリスクは意思表示を行った者（表意者）が負うことになる。しかし，改正前民法においては，到達主義には大きな例外があった。改正前第526条第1項は，隔地者間の契約における「承諾」の意思表示について，発信主義を採用しており，隔地者間での契約は，承諾の通知を発した時点で成立するとしていた。すると，郵便事情が悪く，承諾の意思表示が相手方に到達するのに時間がかかる場合であっても，承諾者は，承諾を発信した時点から契約の履行にとりかかることができ，取引の迅速性が図れる。しかし，他方，承諾が相手方に到達しなかったり，遅れて到着した場合でも，契約は成立することになるので，承諾の不着や延着のリスクは申込者が負うことになる。しかし，そのようなリスクを負いたくない申込者は，申込に承諾期間を付しておけばよい。そうしておけば，期間内に承諾の通知が届かない場合には，申込は効力を失い，契約は成立しなくなる（改正前521条2項，新523条2項）。このように申込者には，承諾の不着や延着のリスクを回避する手段が与えられているのだから，承諾については発信主義でよいということになる。

しかし，社会状況は変化し，今日においては，承諾の発信主義には合理性がなくなったと言わざるを得ない。すなわち，郵便事情もよくなり，さらに，通信技術の発達により，承諾の不着・遅延の可能性が著しく低く，さらに，承諾の発信から到達までの時間が短くなった社会においては，発信主義が取引の迅速性に資するというメリットは小さくなっている。他方，そうはいっても，承諾の不着・遅延のリスクはゼロではなく，そのリスクを申込者に負担させる理由は見出しがたい。そこで，新法は，承諾の発信主義を廃止し，原則通り，到達主義によることにした（新97条1項）。したがって，契約は，承諾の通知が申込者に到達した時に成立する。

(3) 意思の欠缺と瑕疵ある意思表示

改正前民法においては，心裡（しんり）留保（93条），虚偽表示（94条），錯誤（95条）を意思の欠缺に，詐欺・強迫（96条）を瑕疵ある意思表示に分類していた。前三者が意思の欠缺に分類される所以は，表示に対応する意思ないし真意を欠く点にある。すなわち，心裡留保にあっては，たとえば，表意者が売ると言ったけれども，実は売る気がない。虚偽表示にあっては，表意者が売る気もないのに売ると言った点では，心裡留保と同じであるが，相手方と通謀して行っている点が異なる。また，錯誤にあっては，表意者はＡという物を売るとは言ったが，Ａを売ると言ったのは，ＢをＡと思い違いしていたことによるものであり，真意はＢを売ることにあり，やはり，表示に対応する意思がない場合に入る。これに対して，詐欺・強迫が瑕疵ある意思表示に分類される所以は，それらにあっては，表意者は表示に対応する意思ないし真意は有してはいるが，ただ，その意思決定過程に他人の不当な干渉という瑕疵が存在するからである。

さて，改正前民法は，意思表示の効力を否定するに際して，意思の欠缺の場合には無効であるとするのに対して，瑕疵ある意思表示の場合には取り消しうるにとどめている。この違いはどこから来るのであろうか。民法は，人間が法的に拘束される根拠を意思に求めている（3.2参照）。したがって，人間は，意思なき行為に拘束されるいわれはない，そこで，意思なき行為は無効ということになる。これに対して，その意思決定過程に瑕疵があっても，意思がある以上は，一応は，その意思に拘束される。そこで，瑕疵ある意思表示の効果は取消しにとどまることになる。しかし，(6) で述べるように，心裡留保・虚偽表示・錯誤を意思の欠缺ということで一くくりにすることはできなくなっていたので，新法は，錯誤に関する第

95条を改正した。

ところで，不具合が動機にあるにしろ，効果意思にあるにしろ，意思表示をした本人のためには，自分が思ってもいない「そんなはずではなかった！」と思うことに拘束されないとすることは望ましい。しかし，その効果が無効であるにしろ，取消しであるにしろ，いったん行われた意思表示の効力がひっくり返るということは相手方には迷惑な話である。したがって，本人保護にだけスポットライトを浴びせた解決方法では，今度は，相手方が迷惑を被ることになる。確かに，人は自ら欲していないことに拘束されるべきではないが，相手方の信頼の保護を考えると，いつも，いつも，自分が思っていないことに拘束されないというわけにはいかないことになる。そこで，以下に見るように，民法は，意思表示の効果を考えるに際して，表意者である本人の保護と相手方の信頼の保護という2つの要請の間でバランスを取っている。

（4）心裡留保

改正前第93条は，「意思表示は，表意者がその真意ではないことを知ってしたときであっても，そのためにその効力を妨げられない。ただし，相手方が表意者の真意を知り，又は知ることができたときは，その意思表示は，無効とする」と規定していた。

表意者が，表示行為に対応する真意（内心の効果意思）のないことを知りながらする意思表示を心裡留保という。ここで「裡（り）」――「理」ではないことに注意――とは内側の意味であり，心裡留保とは，心の内側に真意がとどめられているということを意味する。このような意思表示に至った理由は問わないが，表意者自身が，真意がないことを知っている点では，錯誤（95条）とは異なり，虚偽表示（94条）と共通している。虚偽表示との相違点は，虚偽表示が相手方と通謀しているのに対して，心裡留保は，通謀がなく，表意者が単独で行っているところにある。

心裡留保とは，たとえば，Aが，自分の持っている甲不動産を，売る気もないのに，Bに対して，売ろうと言った場合である。このとき，Bが，Aの心裡留保に基づく申込に承諾してしまったとする。言葉を媒介としている社会では，でまかせを言ったAよりも，その言葉を信頼したBの方を保護すべきであるとして，第93条は，心裡留保による意思表示は有効としている。したがって，Aの申込は有効であるので，売買契約は有効ということになる。

しかし，BがAの言葉を信頼していなかった場合にまで，Bを保護する必要はないので，その場合，Aの心裡留保による意思表示は無効，したがって，いったん成立した契約も無効ということになる。このことについて，改正前第93条但書は，「相手方が表意者の真意を知り，又は知ることができたときは，その意思表示は，無効とする」と規定していた。しかし，相手方は，表意者の真意の内容までは知らなくても，表意者の意思表示は真意によるものではないことを知っていた，あるいは，知ることができたときは，相手方を保護する必要はない。そこで，新第93条第1項但書は，「相手方がその意思表示が表意者の真意ではないことを知り，又は知ることができたときは，その意思表示は，無効とする」に改められた。

「知ることができたとき」とは，気付くのが普通であるのに，うっかりしていて（過失によって）気付かなかったという場合を指す。たとえば，Aが，Bに対して，自分が持っている真珠のネックレスを「1万円で売ってもいい！」と言ったのに対して，Bが，「それでは，買いましょう！」と言って，1万円出して，その引渡しを迫ったとする。しかし，この真珠のネックレスは，Aの家で，母から娘へと代々受け継がれている非常に高価なものであることを

Bが知っている場合は，Aが1万円でこのネックレスを手放すはずがないことをBは気付くべきであり，したがって，Aの意思表示は無効，そして売買契約も無効ということになる。

なお，4.3.1で説明するように，第93条は，代理人の権限濫用の場面において，その類推適用によって，本来的適用場面以上に重要な機能を営んでいた。しかし，新法では，代理人の権限濫用の条文が新たに創設された。すなわち，新第107条である。

【心裡留保についての判決】

東京高判昭和53年7月19日判タ370号80頁，判時904号70頁は，まったくの口からでまかせではないが，完全な法的拘束力を与えるつもりもないのにしてしまった約束について，その効力を心裡留保の規定を用いて判断している。

事案は，以下の通りである。Yは，Xと昭和38年2，3月頃知り合い，12月頃から同棲生活に入った。両者の同棲生活は，YとAとの結婚式の日の朝である昭和43年2月3日まで続いた。Xは，当初は，Yと別れることを納得していたが，Yの結婚式前日の夜に，2,000万円を支払う旨の文書を書かなかったら，結婚式には行かせないと言って，突然，泣きわめき出した。そのため，Yは，やむなく，その旨の文書を書いた。そこで，Xは，Yに対して，2,000万円の支払いを求めて提訴に及んだ。

東京高裁は，以下のように判示して，Xの請求を棄却した。すなわち，Yは，一介（いっかい）のサラリーマンにすぎず，したがって，2,000万円を払えるとは考えておらず，また，払う気もなく，その場を収めるためだけにこの文書を書いた。さらに，Xも，Yとの関係，当該文書作成の経緯，さらには，Yがサラリーマンであることから考えて，2,000万円を支払う旨の意思表示は，Yの真意によるものではないことを知っていたか，少なくとも，知りうべきであったとして，本件意思表示は，改正前第93条但書により無効である，と。

なお，心裡留保において，直接の相手方は改正前第93条但書に該当するために保護する必要がない場合であっても，さらに第三者が登場した場合は，その第三者の保護が問題になる。同様の問題は，虚偽表示においても生じ，虚偽表示においては，第94条2項に第三者保護規定がおかれている。そこで，判例は，心裡留保における第三者を保護するために，この第94条第2項を類推適用していた。そこで，新法では，新第93条第2項を追加して，「前項ただし書の規定による意思表示の無効は，善意の第三者に対抗することができない」と規定し，この判例理論を条文に取り込んだ。したがって，第三者保護については，(5) 2を読んでほしい。

(5) 虚偽表示

1. 意　義

第94条第1項は，「相手方と通じてした虚偽の意思表示は，無効とする」と規定する。

心裡留保は，表意者が，自分一人で，真意でない意思表示を行う場合であるのに対して，虚偽表示は，相手方と通謀して，真意でない意思表示を行う場合である。たとえば，A，Bが，実際には売買契約などする気もないのに，AB間である物の売買契約をしたかのように装う場合がこれにあたる。この場合は，相手方も真意でないことを知っているので，当該意思表示を無効とすることには何の問題もない。すなわち，Aの申込，Bの承諾ともに無効（94条1項）であり，したがって，売買契約も無効ということになる。

虚偽表示の代表例として，強制執行を免れるための仮装譲渡を挙げることができる。

Aの財産は，先祖伝来の甲不動産しかないとする。Cは，Aが借金を返せない場合には，この不動産に強制執行して，Aへの貸金の回収を図るつもりでいた。Aが貸金を返せそうにもないので，Cは，この不動産に強制執行するそぶりを見せた。この様子を察知したAは，そうはさせじとばかり，Bと通謀の上，この不動産をBに売却したことにして，登記をBに移した。財産隠匿行為が成功した後で，Aは，Bに対して，登記を自分に戻してくれと請求した。Aの請求は認められるか（図5）。

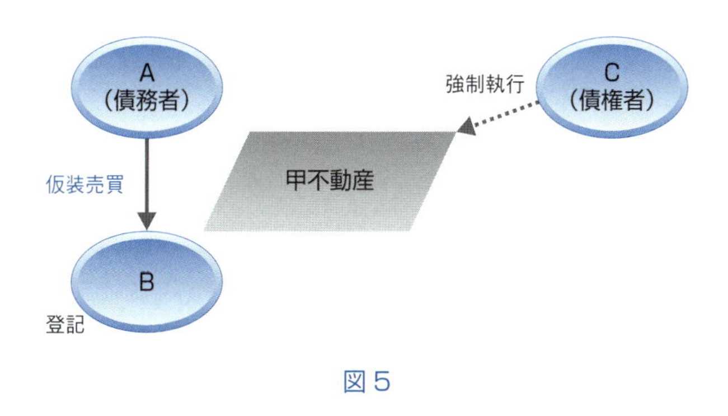

図5

A，Bの意思表示は，ともに虚偽表示であり，第94条第1項により無効なので，AB間の売買契約も無効である。したがって，不動産の所有権はAにあるから，Aは，Bに登記を戻せと主張することができる。

2. 第三者保護

1. で述べたように，虚偽表示は無効である。これが原則である。ただし，第三者がこの売買契約に利害関係を持ってくると，無効とばかりはいっていられなくなり，別途，第三者の保護を考えないといけない。そこで，第94条第2項は，「前項の規定による意思表示の無効は，善意の第三者に対抗することができない」と定めた。

「対抗することができない」とは，意思表示が虚偽表示により無効であることを主張できないということを意味する。図5に即していうと，AもBも，AB間の売買契約の存在を信じた第三者（善意の第三者）——もっと正確にいうと，A，Bの意思表示の存在を信じた第三者——に対しては，この売買契約が虚偽表示により無効だと主張できないということを意味する。

「第三者」とは，「当該法律関係に新たに利害関係を有するに至った者で，当事者およびその包括承継人以外の者」をいう。包括承継人とは，相続人に代表されるように，他人の権利義務を一括して承継する者のことをいう。たとえば，図6のDのように，Bから甲不動産を購入した者は第三者に該当するが，Bの相続人は第三者には該当しない。

AB間の甲不動産の売買契約が虚偽表示で無効であるにもかかわらず，Bが，自分のところに登記があることをよいことにして，事情を知らないDに対して，この不動産は自分の物であると偽って，売却して，登記も移してしまった。この場合，Aは，Dに対して，AB間の売買契約が虚偽表示で無効であることを主張して，この不動産を取り戻すことができるか（図6）。

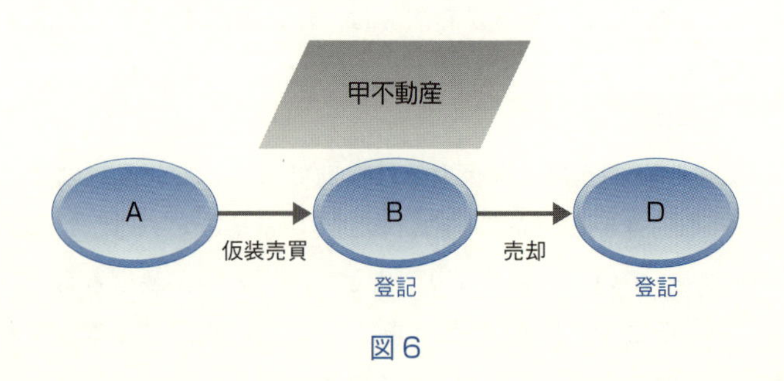

図6

さて，この問題を考える筋道は以下の通りである。なお，この点は，不動産物権変動のメカニズムに関する理解を前提とするので，第 11 章を，あわせて読んでほしい。

まず，人は自分が持っている以上の権利を他人に譲り渡すことはできない。これが出発点である。これを図 6 に即して説明すると以下のようになる。いま，AB 間の売買契約が虚偽表示に基づくものである場合，この契約の効力は否定される。A から B に甲不動産の所有権が移転する原因である AB 間の売買契約が無効である以上，甲不動産の所有権は，A から B には移転しない。すなわち，登記が B に移っていても，甲不動産の所有者は A のままなので，D は，無権利者である B との間で売買契約を締結したことになり，目的物の所有権を取得することはできない。これが原則である。

しかし，この原則に対して，第 94 条第 2 項は，第三者 D が AB 間の売買が虚偽表示であることを知らなかった場合には，虚偽表示の無効を D に対抗できないと例外を定めている。前述したように，「対抗することができない」とは，A，B ともに，D に対しては，売買は虚偽表示で無効だとは主張できないということを意味する。したがって，D との関係では，AB 間の売買契約は有効になされたものとして扱われ，D は，有効に，甲不動産の所有権を取得することができる。したがって，A は，D から，甲不動産を取り戻すことはできず，甲不動産の所有権を失うことになる。

なぜ，このような例外が設けられたかというと，第三者 D の AB 間の売買契約の存在に対する信頼を保護するためである。これにより，真の権利者である A は権利を失うことになるが，自ら仮装の外観を作出した A を保護する必要がないのはいうまでもないであろう。

ところで，ここで，第 94 条第 2 項が存在しないとどうなるか考えてみよう。この場合は，原則に戻って，D は甲不動産の所有権を取得することはないので，AはDから甲不動産を取り戻すことができる。しかし，債権発生原因である契約というレベルでは，BD間の契約は有効なので（改正前560条，新561条），Bが契約通りDに所有権を移転できない以上，Dは，契約を履行してくれないことによるBの責任を追及することができる。そこで，Dがすでに代金をBに支払っている場合には，Dは，BD間の契約を解除して——なかったことにして——Bに対して，たとえば，「売買代金を返してくれ！」という請求をすることはできる（540条）。これに対して，第94条第2項が存在する世界では，Dが善意の第三者に該当して保護されると，Aが甲不動産の所有権を失うことになる。そして，この原因は，BがDとの間で甲不動産の売買契約を締結したことにあるので，Aは，Bに対して，甲不動産の価値に相当する金銭の支払いを，たとえば，不法行為（709条）に基づく損害賠償として請求することができる。

その意味では，第94条第2項が存在する世界としない世界の違いは，甲不動産の価値相当分のお金（金銭債権）と甲不動産という物のどちらをAがとるのか，Dがとるのかということにある。一見したところ，経済的には，どちらでも違いはないように思われないでもない。しかし，現実には，物ならば，残っていれば取り返せるが，金銭債権は，債務者であるBに払えるだけの資力がなければ，「絵に描いた餅」にしかすぎない。したがって，物をどちらがとるかが重大な関心事となるわけである。

【相対的構成と絶対的構成】

図7，図8のEのように第三者であるDからさらに権利を譲り受けた者——転得者という——も第三者である。そこで，図7にあるように，Dが悪意であっても，転得者Eが善意であれば，E

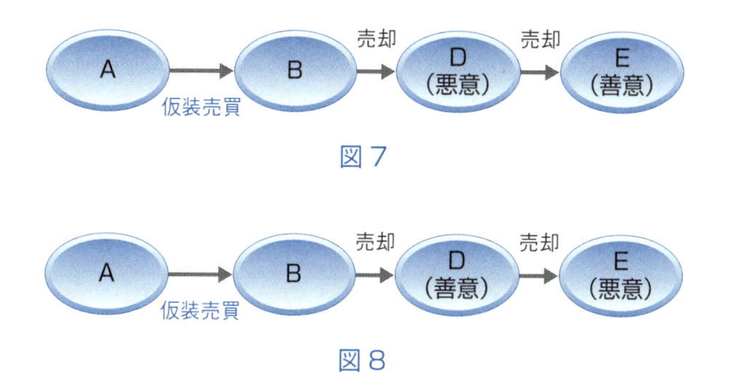

図７

図８

は第 94 条第 2 項で保護されることになる（最判昭和 45 年 7 月 24 日民集 24 巻 7 号 1116 頁）。それでは，図８にあるように，D が善意だったが，E が悪意だった場合に，E は第 94 条第 2 項で保護されるのかという問題がある。これは，善意の第三者保護の条文（たとえば，失踪宣告の取消しに関する 32 条 1 項 2 文）において常に存在する問題である。

取引の安全を強調する立場は，D が確定的に権利を取得したことを強調して，E は，たとえ悪意であっても，真の権利者（D）から有効な契約によって権利を取得したのだから，A に対する関係でも完全な権利者になると考える（絶対的構成）。これに対して，第 94 条第 2 項は，善意者を保護する規定であることを強調すると，たとえ，前主（D）が善意であっても，E は悪意である以上は，保護されないということになる（相対的構成）。論理的には，どちらの解釈も可能である。

第 2 の解釈（相対的構成）をとると，A から売買目的物を取り戻された E は，D に対して，売買契約に基づく売主の責任を追及することになる。すなわち，E は，DE 間の売買契約を解除して，D に代金の返還を請求することになる。すると，D としては，第 94 条第 2 項で保護されるといっても，たまたま，次の買主が悪意であると，売買代金の返還を求められることになり，善意者でありながら，結局，保護されないことになる。もちろん，Dは，Bに対して，同様に，代金の返還を請求できるが，大変な手間であり，かつ，Bが無資力，すなわち，財産がないと，結局は，返還を受けられないことになる。このように，相対的構成をとると，せっかくの善意者保護の規定（94条2項）の趣旨と合わない結果になってしまう。

次に，第1の解釈（絶対的構成）をとると，BEが共謀して，善意のDをわら人形として間にはさむことでAが害されることがあるとの指摘がある。しかし，このようなことは稀であり，また，Aは，善意のDに財産が渡った段階であきらめたはずであるから，それがたまたま悪意者の手に渡ったからといって，必ず，Aを保護しないと不都合であるということはない。したがって，善意者を保護しようとする民法の趣旨からは，絶対的構成が妥当ということになろう。

3. 94条2項の類推適用

[1] 権利外観法理

第94条第2項は，権利外観法理の表れであるといわれる。それでは，第94条第2項で，真の権利者の犠牲において，善意の第三者が保護される根拠はどこにあるのだろうか。図6に即していうと，第1には，Aが，Bとの間で売買契約を仮装し，登記をBに移すことにより，Bが所有者であるという虚偽の外観を作ったということが挙げられる。そして，第2には，Dが，Bは真の所有者だと信じて甲不動産を買ったということが挙げられる。権利外観法理とは，「真の権利者（A）が自分以外の者（B）が権利者であるかのような外観を作出したときは，それを信頼した第三者（D）は保護されるべきであり，自ら，その外観を作った権利者は権利を失っても止むを得ない」というものである。すなわち，権利外観法理は，取引の安全を図る法理ではあるが，これによって保護されるためには，第三者が，権利の外観を信頼しただけでは足りず，虚偽の外観の作出に対して，真の権利者が関与している，虚偽の外観作出に対する真の権利者の帰責事由があることが必要である。すなわち，権利外観法理にあっては，虚偽の外観作出に対して帰責事由のある真の権利者と権利の外観を信頼して取引に入った者の利益の調整が図られているわけである。

民法には，この権利外観法理に基づく規定が他にも存在する（たとえば，4.5 で説明する表見代理に関する改正前 109 条，新 109 条，改正前 110 条，新 110 条，改正前 112 条，新 112 条）が，権利外観法理自体を一般的に定めた条文は存在しない。そこで，厳密には虚偽表示に該当しない場合であっても，権利外観法理を適用すべきであると考えられる場面において，第 94 条第 2 項が類推適用されることがしばしばある。

[2] 第 94 条第 2 項への権利外観法理の仮託

最高裁は，最判昭和 29 年 8 月 20 日民集 8 巻 8 号 1505 頁を皮切りにして，第 94 条第 2 項の類推適用という構成を通して，不動産の登記が真の所有者以外のところにある場合に，登記名義人を真の所有者と信じた第三者を保護している。

この問題を理解するためには，不動産物権変動のメカニズムに対する理解が不可欠であるので，第 11 章を読んだ後で，もう一度，この部分を読んでほしい。ここでは，最低限の理解のために，日本法では登記には公信力が認められていないということだけ説明することにする。

「公信力」とは，登記のような権利関係の存在を示す外観はあるが，その外観が示す権利が存在しない場合であっても，その外観を信じた者に対しては，その外観が示す権利があるとして保護を与える効力のことをいう。登記に公信力があると，たとえば，A 所有の土地が，たまたま，登記簿上B名義になっていた場合に，登記簿の記載を信じてBからこの土地を購入したCは，所有権を得ることができる。Bはこの土地について無権利である以上，2. で述べた「人は自分が持っている以上の権利を他人に譲り渡すことはできない」という原則からは，Cは，この土地の所有権を取得できないはずである。しかし，登記に公信力があると，登記に対するCの信頼が保護され，Cは所有権を取得することができる。しかし，日本法では，登記に公信力は認められていない。すなわち，日本では，制度としては，虚偽の登記をいくら信じても，信じた者が保護されることはない。

しかし，判例は，真の権利者が虚偽の登記の作出に関わっている場合には，第94条第2項の類推適用により，登記を信頼した者を保護している。

Xが，Aから購入した甲土地について，Bに登記を移した。その後，Bは自分に登記のあることをよいことにして，事情を知らないYに甲土地を売却し，登記も移してしまった。この場合，Xは，Yに対して，甲土地の所有権は自分にあることを主張できるか（図9）。

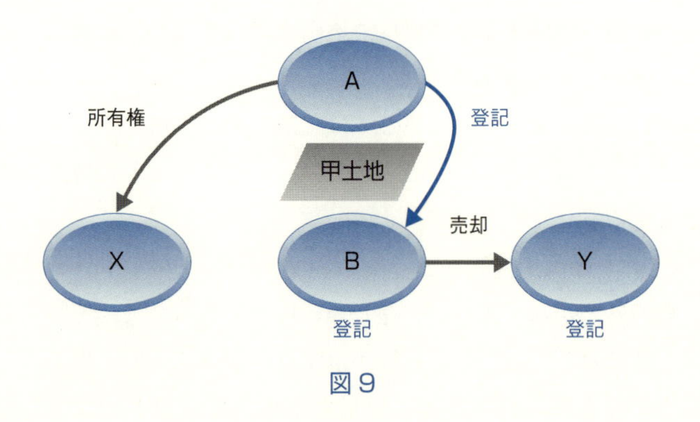

図9

この場合，最高裁は，Bの所有者としての外観（登記）作出について，XB間に通謀はないが，Bの所有者としての外観を作出したのがXであることをとらえて，第94条第2項を類推適用して，Yを保護した（最判昭和37年9月14日民集16巻9号1935頁，最判昭和45年7月24日民集24巻7号1116頁）。すなわち，真の権利者であるXが不実の登記を作出したことを責任の根拠として，第三者Yの信頼が保護されたわけである。繰返しになるが，第三者が保護されるためには，単に，第三者が権利の外観を信頼しただけではなく，真の権利者が権利を失ってもやむをえぬ事情――帰責事由――が必要である。

さて，いまの例は，真の所有者自らが不実の登記を作出した場合であるが，最高裁は，さらに，第三者保護を進めた。すなわち，他人が勝手に登記をし，真の権利者が後にこれを知ったが，この不実の登記の存続を「承認」していたところ，当該不動産が第三者に売却された事例において，第94条第2項の類推適用によって，第三者の登記に対する信頼を保護した（最判昭和45年9月22日民集24巻10号1424頁）。しかし，同事件において，最高裁は，真の権利者は不実の登記の存続を「承認」していたと判示したが，実際は，放置していたといってもよい事案であった。そこで，この判決に対しては，日本においては，登記に公信力はなく，したがって，登記を信頼しても保護されないのが原則である以上，第三者の保護に傾きすぎではないかという批判がある。

最後に，念を押すようだが，日本には登記に公信力はない。したがって，たとえば，BがAのまったく知らないところで，勝手にAの登記を自分のところに移し，かつ，Aは，このような事態をまったく知らなかった場合には，いくら，Cが，Bの登記を信じて，Bと売買契約を締結したとしても，Cが保護されることはない。

(6) 錯　誤

1. 意　義

錯誤について規定する第95条は，大きく改正されたが，枠組み自体は，改正前民法が維持されていると理解してよいであろう。そこで，まず，改正前民法について解説し，その後に新法で改正された点について解説することにする。少し，ごちゃごちゃして読みにくいかもしれないが，我慢して，付き合って欲しい。

改正前第95条は，その本文で，「意思表示は，法律行為の要素に錯誤があったときは，無効とする」と規定する。

錯誤の効果が無効とされるのは，(3) で述べたように，民法は錯誤を意思の欠缺――表示された効果意思に対応する内心の効果意思が存在しない――の一場合として位置づけているからである。これに対して，新法は，錯誤の効果を取消しに改めている（新95条1項柱書)。しかし，これは，新法が錯誤の位置づけに変更を加える意図があったというわけではなさそうである。すなわち，従来，錯誤における「無効」の意味は，3.4.1 (2) で述べた意思無能力における「無効」と同じく，原則として，本人以外は無効を主張できない「相対的無効」であるとされていた（最判昭和40年9月10日民集19巻6号1512頁)。その意味で，ここでの無効は取消しに近い。そこで，改正に際して，正面から，「取消し」と規定されたものである。

さて，錯誤にあっては，心裡留保や虚偽表示と同様に，表示された効果意思と内心の効果意思は一致していないが，心裡留保や虚偽表示とは異なり，表意者自身が，その不一致を認識しないで意思表示を行っている。したがって，錯誤においては，心裡留保や虚偽表示とは異なり，表意者自身が思い違いに気付いていないために，表意者の予期していなかった効果を生ずる点で，表意者を保護する必要がある。この点を強調すれば，思い違いによる意思表示はすべて無効として，表示の拘束から表意者を解放すべきことになる。しかし，他方，相手方の立場に立てば，思い違いをしたのは表意者自身であるから，そのリスクは表意者自身が負担すべきものであるともいえる。この立場に立てば，表意者よりも，表示を信頼した相手方を保護すべきことになる。

このように，錯誤にあっては，表意者の真意の尊重と相手方の表示に対する信頼の保護という矛盾した要請をどこで調和させるかが問題となる。この点，改正前第95条は，錯誤によって意思表示が無効となる場合を限定することによって，両者の調和を図っていた。

まず，第1に，錯誤無効が認められるためには，改正前第95条本文にあるように，法律行為の「要素」に錯誤がなければならない。錯誤があれば，それがどんなに些細なものであっても，錯誤無効を導くとすると，相手方に及ぼす影響が大きくなりすぎて，適当でないからである。ここで**要素の錯誤**であるためには，錯誤がなければ，表意者自身が，そのような意思表示をしなかったであろうということと，錯誤がなければ，通常人でも，そのような意思表示をしなかったといえることが必要である。

しかし，改正前第95条が定める「法律行為の要素に錯誤があったとき」という表現は抽象的すぎて，というよりも，そもそも，要素の錯誤とはいったい何なのかよくわからない。そこで，新第95条第1項柱書は，「錯誤が法律行為の目的及び取引上の社会通念に照らして重要なものであるとき」と書き改めた。

第2に，改正前第95条但書にあるように，表意者に**重大な過失**があるときは，表意者は無効を主張することはできない。「重大な過失」とは，通常人なら錯誤に陥ることはなかったのに，著しく注意を欠いていたために，錯誤に陥ったということである。このように著しく注意を欠いた表意者を，相手方の犠牲において，保護する必要はないというわけである。

この点は，新法においても維持されている（新95条3項柱書）。ただし，相手方が，表意者が錯誤に陥っていることを知っていたり，著しく注意を欠いていたために知らなかったとき（新95条3項1号），あるいは，相手方も同じ錯誤に陥っていた場合（新95条3項2号）には，相手方を保護する必要はないので，錯誤取消しを認めて構わない。そこで，新第95条第3項は，「錯誤が表意者の重大な過失によるものであった場合には」，このような場合を除き，「第1項の規定による意思表示の取消しをすることができない」と規定している。これは，改正前民法下において異論のない学説を改正に取り込んだものである。

【電子消費者契約における特則】

平成13年（2001年）に制定された「電子消費者契約及び電子承諾通知に関する民法の特例に関する法律」第3条では，改正前第95条但書の規定が排除されている。

すなわち，電子取引では，消費者が，事業者によってコンピュータの画面上に示された手続に従って契約の申込や承諾の意思表示を行うために，表意者が間違ってクリック——「表示上の錯誤」（2. 参照）——して，真意を伴わない表示を発信してしまう危険が大きい。間違ってクリックすることは改正前第95条但書の「重大な過失」となる可能性が高いが，消費者保護の観点から，同法第3条は，事業者は，消費者に「重大な過失」があったことを理由として錯誤無効の成立を阻むことはできないと規定している。ただし，同条によれば，消費者がクリックした後，送信ボタンが存在する画面上に申込内容を明示し，「これでよろしいですか？」という画面が出て，さらに申込の確認をするようになっている場合などは，改正前第

95条但書の適用は排除されない。

なお，(2) で述べたように，新法においては，改正前第526条を廃止し，電子承諾通知に限らず，意思表示一般について到達主義を採用した。それに伴い，同法は，平成29年（2017年）改正により，「電子消費者契約に関する民法の特例に関する法律」に改称されたが，改正前と同様に，新第95条第3項の規定が排除されている。

2. 錯誤の種類

一口に錯誤といっても，さまざまな場面が考えられる。

まず，**表示上の錯誤**がある。これは，たとえば，1万ドルと書くつもりで1万ポンドと書いてしまった場合のように，いい間違い，書き間違いの類である。表示上の錯誤では，表示行為を行う際に，うっかり表示意思と表示の間に食い違いが生じている。

また，表示意思と表示の間に食い違いはないが，表示されたものの意味や内容を誤解している**内容の錯誤**がある。たとえば，1グロスとは12ダースを意味しているが，1グロスは10ダースを意味していると勘違いして，「この鉛筆を1グロスください」と注文した場合である。表示上の錯誤も内容の錯誤も，ともに表示された効果意思に対応する内心の効果意思が存在しない場合であって，意思の欠缺である。

これに対して，**動機の錯誤**とよばれる錯誤がある。将来，高速道路が通ると誤信して，二束三文の原野について高値の売買契約を締結してしまった，受胎している名馬だと誤信して受胎していない駄馬を買ってしまった，自転車を盗まれたと誤信して新しい自転車を買ってしまった場合などがこれにあたる。動機の錯誤にあっては，意思形成過程に錯誤はあるが，いまの例では「この物を買う」という点においては意思と表示の不一致は存在していない。したがって，動機の錯誤は意思の欠缺ではない。

3. 動機の錯誤

2. で述べたように，動機の錯誤は，意思の欠缺ではない。そこで，動機の錯誤の扱いをめぐっては，動機の錯誤を他の種類の錯誤と別扱いしない考え（一元説）と別扱いする考え（二元説）がある。

判例（たとえば，大判大正6年2月24日民録23輯284頁，最判昭和29年11月26日民集8巻11号2087頁，最判昭和32年12月19日民集11巻13号2299頁）およびかつての通説は，二元説の立場に立ち，改正前第95条の錯誤は意思の欠缺であり，したがって，動機の錯誤は原則として改正前第95条によって無効とされることはないが，例外的に，動機が表示されて意思表示の内容を構成する場合には，改正前第95条の錯誤となる資格を与えられると解している。たとえば，Xが「自分はこの本をまだ持っていないから，1冊買いたい」と言えば，たとえ，動機であっても意思表示の内容となり，この点に錯誤があって，それが要素の錯誤と認められれば，意思表示は無効となるとされる。

これに対して，今日の多数説は，一元説の立場に立ち，意思欠缺型の錯誤と動機の錯誤とで法的取扱いを別にすることを否定し，両類型の錯誤を統一的な要件の下で保護しようとする。この学説は，判例を次のように批判する。

かつて，ハイセイコーという名前の名馬がいたので，この名馬の名前を借りて説明することにする。たとえば，名馬ハイセイコーの子である甲馬を買おうとしたXが，甲馬と乙馬の馬違いをして，甲馬を買うつもりで，「乙馬を買う」と表示したとする。この場合，Xの意思は「甲馬を買う」であり，意思と表示が一致しておらず，意思の欠缺型の錯誤の一種である「同一性の錯誤」として，Xの意思表示は無効とされる。これに対して，乙という馬は，名馬ハイセイコーの子であると信じて，競争馬にする目的で買ったところ，実は，駄馬だったという場合は，馬の血統についての錯誤はあるが，この馬を買うという意思はあるから，動機の錯誤にあたる（これは，動機の錯誤のうちで「性質の錯誤」といわれる）とされる。しかし，両者ともに，ハイセイコーの子を買うつもりで駄馬を買ってしまったということには変わりはないにもかかわらず，一方には改正前第95条が適用され，他方には適用されないとするのは，公平に反する。さらに，判例によれば，動機の錯誤は表示されないから取引の安全を害するというが，意思欠缺型の錯誤においても，内心の効果意思は表示されないから，結局，この点でも両者を区別することはできないという。

しかし，現実社会においては，錯誤のほとんどは動機の錯誤で占められるので，相手方の期待，取引の安全を保護するためには，錯誤無効の認められる範囲について一定の歯止めをかける必要がある。そこで，この学説は，思い違いであれば，それが，動機にあっても，効果意思にあっても，同様に，改正前第95条の錯誤に含まれるとする一方，錯誤無効の主張が認められるためには，相手方の認識可能性という要件が必要であるとする（表意者が錯誤に陥っていることを相手方が知っていたか知りうべきであった場合にのみ錯誤無効の主張を認める）。したがって，この学説によれば，錯誤とは，もはや，意思の欠缺ではなく，「表意者が意思表示に至る過程もしくは意思表示そのものにおいて気付かずに事実と一致しない認識もしくは判断をなし，これに基づいて意思表示を行った場合」という具合に定義され直すことになる。

しかし，動機の錯誤の扱いについては，新法において，一応の決着を見た。まず，新法を見よう。新法第95条第1項は，錯誤を2つの類型――第1号が規定する「意思表示に対応する意思を欠く錯誤」と第2号が規定する「表意者が法律行為の基礎とした事情についてのその認識が真実に反する錯誤」——に分けている。第1号は，意思の欠缺型の錯誤であり，第2号は，瑕疵ある意思表示である動機の錯誤である。そして，第2号の錯誤については，第2項で，「前項第2号の規定による意思表示の取消しは，その事情が法律行為の基礎とされていることが表示されていたときに限り，することができる」と規定している。これは，動機の錯誤についての判例理論である二元説を採用したものである。

【新法における動機の錯誤】

皆さんの中には，本文を読んで，首を傾げた人が少なくないのではないかと思う。判例理論を採用するなら，新第95条第1項第2号では「法律行為の基礎とした事情」という言葉ではなく，「動機」という言葉を用い，第2項は，「前項第2号の規定による意思表示の取消しは，動機が表示されて意思表示の内容を構成していたときに限り，することができる」と規定すればいいのに，と。

その疑問は，もっともであるが，新第95条が，このような規定ぶりになったのは，法制審議会における審議過程において，判例理論をどのように理解するかをめぐって，大きな争いが起こったからである。判例理論をどのように理解するかについては，従来も様々な議論があったが，動機の錯誤を民法に条文化しようとして，盛大にパンドラの箱を開けてしまったというわけである。その議論の中身自体については，本書の性格上，立ち入ることはしないが——本当は，筆者に明快に説明する能力がないからではあるが——，たとえば，このような議論があった。

すなわち，近年の動機の錯誤が争点となった判例においては，動機の錯誤が改正前第95条の錯誤となる資格を与えられるためには，動機が相手方に表示されて「法律行為の内容」——「意思表示の内容」ではない！――となることが必要だと判示するものがある（最判平元年9月14日判タ1336号93頁，最判平成28年1月12日民集70巻1号1頁）。そこで，「意思表示の内容となる」と「法律行為の内容となる」は同じなのかどうか，また，動機が表示されていれば，それだけで，動機が法律行為の内容となるのか，そもそも，「法律行為の内容となる」とは，何を意味するのか等々である。ざっくり言って，学説は，判例理論を，「動機」が「表示」されていれば，「法律行為の内容」になっていなくても，「法律行為の内容」というカテゴリーに属することになると理解する立場と「動機」が「法律行為の内容」になっていることまで要求していると理解する立場に分かれていた。そのため，新法は，どちらの立場にも読めるような規定ぶりとなっている。さらに，「動機」に代えて「法律行為の基礎とした事情」という用語を用いており，「動機」と「法律行為の基礎とした事情」の異同も気になるところである。錯誤規定の改正の目的は，判例理論をよりわかりやすい形で示すというものであった。しかし，果たして，その目的が達せられているのかどうか，今後を見守りたいと思う。

4. 表意者の損害賠償責任

錯誤の主張が認められたために，相手方が損害を被ることがある。たとえば，建物の買主が，その建物のための家具を特注した場合に，売主による錯誤の主張が認められると，家具は無駄になってしまう。その場合，売主は，買主に対して，損害賠償義務を負うべきか，この場合であれば，家具の代金を弁償しなければならないかという問題がある。この問題については，表意者に過失があれば，契約締結上の過失（根拠条文は709条）を根拠として損害賠償を肯定すべきである。これにより，表意者と相手方の利害調整を，よりきめ細かく図ることが可能となる。

5. 第三者の保護

新法は，第95条第4項に第三者保護規定を新設し，錯誤による意思表示の取消しは，「善意でかつ過失がない第三者に対抗することができない」と規定している。同様の規定は，詐欺についても設けられている（改正前96条3項，新96条3項）ので，説明は，(7) 3に譲る。

(7) 詐　　欺

1. 意　　義

詐欺による意思表示とは，他人にだまされて（欺罔（ぎもう）されて），思い違いをし（錯誤に陥り），その結果としてなされた意思表示をいう。詐欺の場合には，表意者は表示行為に対応する効果意思は有しているが，その意思決定過程に他人の不当な干渉という瑕疵が存在するので，強迫とともに，瑕疵ある意思表示であるといわれる。また，意思決定過程で錯誤に陥っているので，常に，一種の動機の錯誤が存在するといわれる。

第96条第1項は，「詐欺又は強迫による意思表示は，取り消すことができる」と規定する（「強迫」については(8)で述べる）。

たとえば，Aが，Bから，「近くに駅ができるから，私が持っている甲土地を，いまのうちに，お買いになった方がお得ですよ！　私も，本当は，手放したくないのですが，お金が必要な事情ができてしまったので，泣く泣く手放すことにしたのですよ」といわれて，Bとの間で，甲土地の売買契約をした。しかし，近くに駅ができるというのは，Bが作った真っ赤なウソだった場合には，Aは，この意思表示を取り消すことができる。Aが，この意思表示を取り消すと，この契約は，はじめに遡ってなかったことになる。

なお，欺罔行為があれば，すべて，第96条の詐欺の要件を満たすわけではない。同条の要件を満たすためには，当該欺罔行為が社会観念上許される範囲を越えていることが必要とされる。しかし，いかなる欺罔行為が社会観念上許される範囲を越えているか否かについては，個々の取引類型や両当事者の地位・専門的知識の有無などを考慮してケース・バイ・ケースで判断する他ない。

2. 第三者の詐欺

1. で挙げた例のように，意思表示の相手方にだまされた場合には，相手方を保護する必要はないので，常に，取り消すことができる。では，第三者にだまされた場合はどうだろうか。

> Cは，BがAから借金するに際して，Bに頼まれて保証人になった。しかし，Cが保証人になったのは，Bの「自分は，土地を持っているので，この土地に，Aのための抵当権を設定するから，Cに迷惑をかけることはない。保証人は，まったく，形式だけのことである」との言葉を信じたからである。ところが，Bが土地を持っていることも，抵当権を設定することも，すべて，うそであった。Cは，自分の意思表示を取り消すことができるだろうか（図10）。

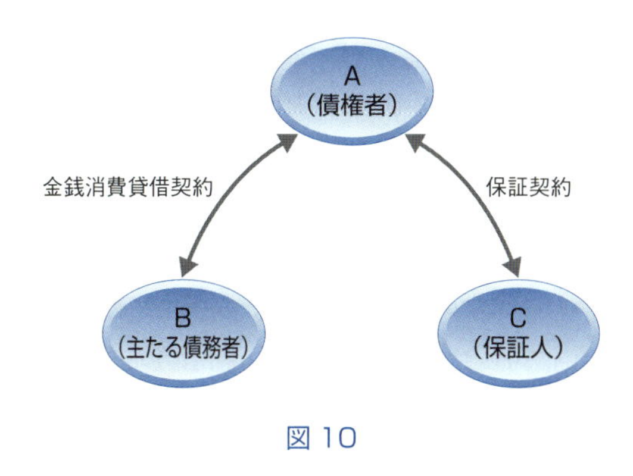

図10

図10にあるように，保証契約は，債権者であるAと保証人となるCとの間の契約であり，債務者のBは，AC間の保証契約に

ついては第三者である。改正前第96条第2項は,「相手方に対する意思表示について第三者が詐欺を行った場合においては，相手方がその事実を知っていたときに限り，その意思表示を取り消すことができる」と規定する。したがって，いまの場合，Cが，Bの詐欺を理由に，AC間の保証契約を取り消すためには，相手方であるAが詐欺の事実を知っていることが必要である。というのは，常に，Cの取消しを認めると，相手方であるAが害されるからである。

ところで，新法においては，Aが詐欺の事実を知っている場合だけではなく，詐欺の事実は知らなかったが，知らなかったのはAの不注意による場合も，Cは，保証契約を取り消すことができると改められた。すなわち，新第96条第2項は,「相手方に対する意思表示について第三者が詐欺を行った場合においては，相手方がその事実を知り，又は知ることができたときに限り，その意思表示を取り消すことができる」と規定している。

では，なぜ，このような改正が行われたのだろうか。これは心裡留保とのバランスを理由とするものである。(4) で述べたように，心裡留保の場合には，相手方が善意であっても過失があった場合には，意思表示は無効とされる（新93条1項)。これに対して，第三者詐欺の場合には，現行法では，相手方が悪意であって，はじめて表意者は取り消すことができる。心裡留保の表意者と詐欺にあった表意者を比べると，被害者である後者の方が保護に値いするので，意思表示の効力を覆す機会は，後者の方が多くてしかるべきである。しかし，現行法では，前者の場合には，相手方が善意であっても過失があれば，意思表示は無効となるのに対して，後者の場合には，相手方が善意であれば，取消権は発生しない。これでは，表意者保護のバランスが取れないということで，第三者詐欺の場合も，相手方が善意の場合であっても過失があれば，表意者に取消権が発生するとの改正が行われたわけである。

3. 第三者の保護

1. と 2. で述べたように，詐欺による意思表示は，第 96 条第 1 項あるいは改正前第 2 項（新第 2 項）により，取り消すことができる。しかし，改正前第 3 項は，この取消しをもって「善意」の第三者に対抗することはできないと定める。この第 3 項は，新法では，「前二項の規定による意思表示の取消しは，善意でかつ過失がない第三者に対抗することができない」と改められた。

改正前民法の下においても，詐欺によって意思表示をした者は，だまされたのが悪いとは言っても，被害者であるので，条文より保護の範囲を拡張して，取消しを対抗できない第三者は，単に「善意」だけでは足りず，「善意無過失」を要すると解されていた。したがって，この改正は，従来の学説を取り込んだものである。

> Bが，本当はそんな計画がないのに，「このあたりに，もうすぐ火葬場ができるそうだから，早めに引っ越したほうがいい」と，甲土地の所有者 A に言って，A をだまして，甲土地について売買契約を締結させた。その後，B は，甲土地を C に転売したという場合，C は，甲土地の所有権を取得できるだろうか（図 11）。

取消しによって，A の意思表示は，はじめからなかったものとして扱われるので，論理的には，B は，一度も，この土地の所有権を取得しなかったことになる。したがって，C は，無権利者から買ったことになるので，本来なら，この土地の所有権を取得することはないはずである。しかし，改正前民法は，第 96 条第 3 項で，善意の第三者の保護――新法では善意無過失の第三者であるが，以下，各自，新法に対応して読んでほしい――を図っている。すなわち，A は，善意の第三者に対しては，取消しを主張できないので，

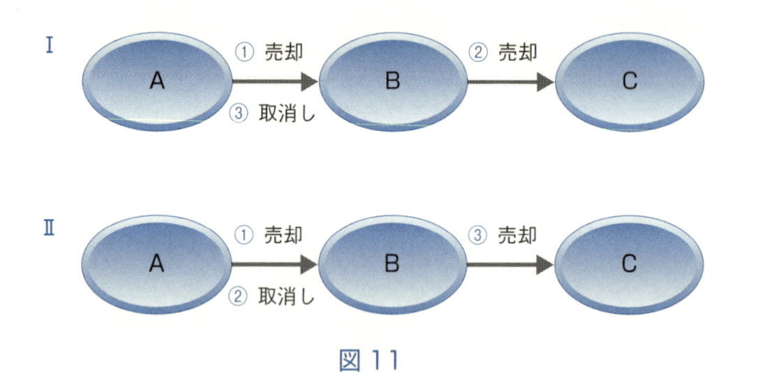

図11

Cが善意――BがAをだましたことを知らない――であるならば，所有権を取得できるというわけである。

ところで，第96条第3項によって保護されるためには，第三者は，いつまでに登場していなければならないかという問題がある。図11にあるように，同じく第三者であっても，取消し前に登場した者と取消し後に登場した者があり，通説・判例は，第96条第3項によって保護される第三者は，取消し前に登場しなければならないと解している（大判昭和17年9月30日民集21巻911頁）。

すなわち，取消し前に登場した第三者（Ⅰ）は，登場した時点においては，未だ，Aは，その意思表示を取り消していない以上，AB間の契約は有効であり，したがって，有効に所有権を取得していたはずである。しかし，取消しには遡及効があるために，その後に行われたAの取消しによって，Aの意思表示ははじめにさかのぼってなかったことになる（改正前121条，新121条）ので，Cは，無権利者と契約したことになってしまい，権利を取得できないことになる。この結末は，善意――その後に取り消されることになるかもしれないことを知らない――のCにとっては，「ヒドイ話！」である。そこで，そのようなCを保護しようというのが第96条第3

項である。

これに対して，取消し後に登場した第三者（Ⅱ）は，取消しによりすでに確定的に無権利者となった者から権利を譲り受けた者である。このような第三者の保護は，単に，無権利者と取引した者の保護一般の問題であり，第 96 条第 3 項の射程範囲外であるととらえられている。

なお，取消し後に登場した第三者については，近時は，第 94 条第 2 項の類推適用で保護するという考え方が有力である（(5) の 3. および 11.2.5（1）参照）。すなわち，A が取り消して登記を除去できるのに放置しておいたことに不実の外観作出の帰責事由を認め，この不実の外観（登記）を信頼した者の保護の問題ととらえるわけである。

(8) 強　　迫

強迫による意思表示とは，他人におどされて，怖くなり，その結果なされた意思表示をいう。たとえば，A が，B から，「この家を売らないのなら，この家に放火するぞ！」とおどされて，怖くなって，しぶしぶ，B と売買契約を締結した場合である。この場合，A には，「しぶしぶ」とはいえ「売ります」という効果意思があるので，強迫は，詐欺と同様に，瑕疵ある意思表示であり，A は，この意思表示を取り消すことができる（96 条 1 項）。

しかし，表意者の自由な意思決定が妨げられる程度は，詐欺よりも大きいので，第 96 条第 2 項および第 3 項の適用はなく，表意者は，詐欺の場合よりも厚く保護される。すなわち，詐欺とは異なり，第三者の強迫の場合であっても，相手方がそれを知らなくても——新法では，知らないことに過失がなくても——取り消すことができるし，強迫を理由とする取消しは，取消し前に出現した第三者に対しても対抗できる。

【消費者契約法】

「これから10年間は絶対円高が続くから儲かります！」というセールスマンの言葉を信じて，為替相場とリンクしている金融商品を購入したが，結局は，儲かるどころか，大損をしてしまった。こんな場合，「儲かりますといったのに，大損させたのは，詐欺だ！」といって，この金融商品の売買契約を取り消せるだろうか？

大損をした方が「だまされた！」と思うのは無理からぬところではある。しかし，詐欺を理由として取り消せるかというと，これは，なかなか難しい。というのは，詐欺を理由に取り消すためには，相手方に「だまそう！」という故意が必要とされ，故意があったことは，裁判では，取り消す側が，立証しなければならず，この立証は，そんなに簡単なことではない。また，詐欺が成立するためには，(7) の1. でも述べたように，欺罔行為が社会観念上許される範囲を越えていることが必要である。しかし，セールス・トークという言葉もあるように，売るときには，誰でも，大なり小なり，おいしいことをいうものであり，セールスマンの言葉が社会観念上，許される範囲を越えているかは，なかなか微妙である。

いまの例に限らず，世の中には，民法の詐欺・錯誤が成立するか否か微妙な事案が，存外，多い。平成12年 (2000年) に成立した消費者契約法は，このような事案について，契約の取消しを認める規定をおいた (4条)。詳細は省略するが，同条は，消費者の「誤認」「困惑」を理由に取消しを認める規定である。いまの例では，第4条第1項第2号によれば，儲かると説明されて，この説明を受けて，「そうか！ 儲かるのだ！」と，その説明が確実であると誤認して，契約を締結した場合には，消費者は，この契約を取り消すことができる。また，同条第3項第1号によれば，勧誘に来た人が，

「帰ってください！」と何度もいったにもかかわらず，帰ってくれないので，「困惑」して契約を締結した場合にも，この契約を取り消すことができる。

3.5 契約の有効要件——各論（2）：契約内容に係わるもの

3.5.1 はじめに

契約が有効に成立すると，債権が発生する。3.3 で説明したように，債権とは，ある人がある特定の人に対して，ある特定のことの履行を求めることができる権利である。したがって，契約によって作り出されるのは，債権者と債務者という二人の間の関係であり，他の人には無関係である。そこで，「二人がよければご自由に！」（契約自由の原則）ということになる。しかし，そうはいっても，ものには限度がある。

3.5.2 強行規定と任意規定

第 91 条は「法律行為の当事者が法令中の公の秩序に関しない規定と異なる意思を表示したときは，その意思に従う」と定めており，同条から，法令の規定の中には，「公の秩序」に関するものと関しないものがあるということがわかる。ここで，「公の秩序」に関する規定を強行規定，関しない規定を任意規定という。同条によれば，任意規定と異なった内容の契約は有効であるとされており，これは，契約自由の原則の表れである。たとえば，民法には，借家の家賃は月末払いと定めた規定がある（614条）。しかし，家賃の支払時期は，公の秩序に関するものではないので，家主と借家人の間で，同条とは異なり，月初めに支払う旨，決めてもよい。逆に，強行規定に反する合意は効力を有しない，すなわち，無効ということになる。

ところで，任意規定と強行規定はどのように区別するのだろうか。法文の文言から，どちらであるかがはっきりしているものはよい。たとえば，利息制限法第1条は，「……その超過部分について無効とする」と規定してあるので，強行規定であることは明確である。また，借地借家法第9条は，「この節の規定に反する特約で借地権者に不利なものは，無効とする」と規定している。この規定は，借地借家法の規定と異なる取決めのうち，借地権者に不利なものだけを無効としているので，片面的強行規定とよばれる。たとえば，同法第3条は，「借地権の存続期間は，30年とする。ただし，契約でこれより長い期間を定めたときは，その期間とする」と規定している。これは，たとえば，40年の定めで借地契約を結んだ場合には，契約通り40年となるが，20年の定めで借地契約を結んでも，期間は30年になるということを意味する。この規定は，借地人を保護するためにおかれたものである。また，逆に，たとえば，第485条にあるように，「弁済の費用について別段の意思表示がないときは，その費用は，債務者の負担とする」と規定されている場合は，任意規定であることが明らかである。

しかし，現実には，法文の文言だけからは，強行規定であるのか任意規定であるのかはっきりしない場合がほとんどである。結局は，規定の趣旨から，当事者の自由に任せておいてよい事項か否かを判断する他ない。たとえば，最判平成11年2月23日民集53巻2号193頁は，やむを得ない事由があっても組合からの任意脱退を許さない旨の組合契約は，第678条に違反する，結論として，同条は強行規定であると判示した。

3.5.3 社会的妥当性

3.5.2 で述べたように，強行規定に反する内容の契約は無効となる。では，強行規定に反していなければ，どのような内容の契約であっても有効なのだろうか。逆にいうと内容の不当性を理由として，契約が無効とされることはないのだろうか。

3.2 で説明したように，有効な契約にあっては，当該契約が守られない場合には，国家は，その実現に助力を与える。したがって，国家が，契約の実現に助力を与えることができるためには，その内容は社会的に妥当なものでなければならない。すなわち，社会的妥当性を欠く契約は，たとえ明文をもってそれを禁止する規定がなくても，その効力は否定される。民法は，この理を，改正前第 90 条において，「公の秩序又は善良の風俗に反する事項を目的とする法律行為は，無効とする」と規定していたところ，新 90 条では，「事項を目的とする」という文言を削除して，「公の秩序又は善良の風俗に反する法律行為は，無効とする」と改められた。これは，後でも述べるように，「公の秩序又は善良の風俗」に反するかどうかの判断にあたっては，法律行為の内容だけではなく，法律行為が成立する過程をはじめ諸事情が考慮されていることを反映したものである。なお，「公の秩序又は善良の風俗」という概念は，公序良俗という具合に縮めて表現されることが多い。

たとえば，シェイクスピアの「ベニスの商人」では，アントニオがシャイロックから借金するに際して，「借金を返せなければ自らの肉 1 ポンドを渡す」という契約がなされている。裁判官に扮したポーシャは，この契約は，「肉 1 ポンドきっかり，血を流さずに渡す」という意味だと解釈した。このポーシャの解釈の当否はおくとして，日本法の下では，そもそも，このような契約は，公序良俗に反する契約として無効であるとされる。

さて，公序良俗とは，非常に漠然とした概念であり，その内容を第90条の文言から定めることはできない。したがって，その具体的内容も，千差万別であり，さらに，時代の変遷につれても変化してやまない。したがって，どのような契約が公序良俗違反とされるかを網羅的に挙げることはできないので，一，二の例を挙げるにとどめたい。

たとえば，「愛人になったら，○○○万円支払う」という愛人契約は無効だが，「別れるに際して，○○○万円支払う」という手切金契約は有効だとされる。前者は婚姻秩序に反する関係を維持する方向に働く契約であるのに対して，後者は，そのような関係を絶つ方向に働くからだとされる。しかし，婚姻関係についての考え方が変わってきている現在では，この結論について，果たして，大方の賛意が得られるか否か，自信はない。それに関連して，妻子と以前から別居している男性が，約7年間，同棲していた女性に，全遺産の3分の1を与える旨の遺言の効力が争われた事件において，最高裁は，当該遺言は公序良俗に反しないとして，その効力を認めた(最判昭和61年11月20日民集40巻7号1167頁)。しかし，これには異論もあり，判断が分かれるところである。

なお，1.6でも述べたが，第90条のように解釈の余地の非常に大きい漠然とした要件をもった規定のことを一般条項という。民法の一般条項には，その他に第1条がある。一般条項は，非常に柔軟で妥当な解決を可能にはするが，他方，要件が抽象的なために，その適用に際しては，裁判官の個人的な判断によって結論が左右される危険性が大きくなる。

ところで，3.5.2 で説明した強行規定・任意規定の区別は，主として，民法上の規定あるいは当該規定の直接の効力に関するものである。これと似て非なる区別として，取締規定・効力規定がある。

世の中を見渡すと，行政上の目的から，様々な法令が制定されており，これら法令に違反する契約が存在する。それでは，これら法令に違反した契約は，法令に違反しているからといって，ただちに無効となるのだろうか。たとえば，道路運送法は，営業免許を受けないでタクシー営業をすることを禁じている（同法 4 条 1 項，80 条 1 項）。したがって，営業免許を受けないで行うタクシー営業――俗にいう白タク――は法令違反であるから，白タクの場合，運送契約は無効かという問題である。

この問題は，かつては，これら法規には，それに違反すれば，行政上・刑事上の制裁は課されるが，違反行為の効力までは否定しない「取締規定」と違反行為の効力を否定する「効力規定」があり，違反した法規は，そのどちらに該当するかという発想で処理されていた。すなわち，違反したのが，取締規定であるならば契約は有効だが，効力規定であるならば無効である，というわけである。たとえば，食品衛生法第 21 条に違反して，無許可で食肉の販売業を営む者を売主とする食肉の売買契約の効力を判断するに際して，最高裁は，当該規定が取締規定であるということを理由に，契約の効力を認めた（最判昭和 35 年 3 月 18 日民集 14 巻 4 号 483 頁）。

しかし，今日では，判例は，公序良俗違反の有無を判断する際の一要素として法令違反を考慮に入れる傾向が強くなっている。たとえば，食品衛生法に違反する有害物質を含んだアラレの販売契約を第 90 条違反とした最判昭和 39 年 1 月 23 日民集 18 巻 1 号 37 頁，独占禁止法違反の貸付につき第 90 条違反となる可能性を示唆した最判昭和 52 年 6 月 20 日民集 31 巻 4 号 449 頁，証券取引法違反である証券会社による損失補償約束を第90条違反とした最判平成9年9月4日民集51巻8号3619頁などである。

なお，最近では，第90条を，消費者保護の目的のために用いる裁判例が多くなっている。世の中には，一般消費者の無知・無思慮・軽率につけ込んで，冷静な判断力のある人なら到底結ばないような不当に不利な契約を締結させて，金儲けをたくらむ輩（やから）が後を絶たない。この場合には，契約内容自体が不当であることに加えて，契約の締結に至るまでの勧誘行為が，詐欺まがいの不当なものであることが，その特徴として挙げられる。いわゆる，霊感商法や原野商法がその例である。したがって，契約内容に加えて，契約締結に至る勧誘行為まで含めて，全体として公序良俗に反するという評価がなされることになる。このような場合，最終的には，問題となる個々の類型に応じた法的規制が行われるのがもっとも望ましい。しかし，いわゆる悪徳商法は，法的規制が行われても，その網をかいくぐって，新たなものが次々と出現するために，残念ながら，法的規制は，後手後手になりがちである。そこで，第90条は，法的規制が未だ行われていない場合に，消費者を保護する機能を果たすことになるわけである。

【不法原因給付――無効な契約の後始末】

殺人請負契約は，公序良俗に反し，無効であることは説明の必要はないであろう。では，XY間の殺人請負契約において，Xは，Yに対して，報酬の一部1,000万円を前払いしていたとする。契約は無効である以上，Yは，この1,000万円を保持する法律上の理由がない。それでは，Xは，Yに対して，不当利得（703条）を理由に，1,000万円の返還を請求できるだろうか。これは，第708条の不法原因給付の問題であり，原則として，返還は認められない。同条は，裁判所による救済を求める者は，その手が汚れていてはいけないという趣旨に出た規定である。不法原因給付については，不当利得法において，詳しく学んでほしい。

3.6 無効と取消し

3.6.1 無効と取消しの異同

無効と取消しについて，まとめておくことにする。

すでに学んだように，契約の効力を否定する方法には，無効と取消しがある。無効・取消しは，社会的事実としては，いったんなされた意思表示あるいは法律行為を，それがなされる前の状態に戻すための法的テクニックである。

しかし，無効の場合には，はじめから，それらの効力は否定されているので，無効な行為については，後日の意思表示によって，有効なものに変えることはできない。第119条本文は，この理を，「無効な行為は，追認によっても，その効力を生じない」と定めている。ただし，無効とされる理由が公序良俗違反，強行規定違反でない場合には，当事者が，後日，新しい行為として行いたいというのであれば，そこまで否定する必要はない。そこで，第119条但書は，「当事者がその行為の無効であることを知って追認をしたときは，新たな行為をしたものとみなす」と定める。たとえば，錯誤によって売買契約を締結した者が，後日，錯誤に気付いたが，「勘違いはあったけれども，この契約はやめない」といった場合には，改正前民法では，その時点以後，有効な契約としての効力を有する。

これに対して，取消しの場合には，いつ，取り消されるか不安定な状態であるとはいえ，有効であり，「取り消す」という別の行為がなされて，はじめて，効力が否定される。しかし，取消しがなされると，取り消された意思表示は，はじめにさかのぼって効力を失う——取消しの遡及効という（121条）——ので，取り消された後は，無効の場合と変わらないことになる。逆に，取消権者が追認をしたときには，有効であることが確定するので，取消権者は，以後，取り消すことができなくなる（122条）。

ところで，無効とは，外形上は意思表示（あるいは法律行為）が存在していても，効力は生じないことを意味する。そこで，無効は，単純に，「何もない」ことだとすると，無効は，①誰からでも，②誰に対しても，③いつまでも，主張できることになる。しかし，公序良俗違反の契約のように，無効とされる理由が当該契約の効力を認めることが社会的に妥当でないという場合には，①～③は，すべて，あてはまるが，無効とされる理由によっては，①～③すべてが，常に，あてはまるわけではない。したがって，同じく無効であっても，取消しとの距離は一様ではない。

たとえば，①については，意思無能力を理由とする無効の主張は，原則として，意思無能力者からのみできるとされる。同様の問題は，改正前民法下では，錯誤による無効の場合にもあった。②については，第94条第2項，新第93条第2項が善意の第三者には無効を主張できないとしている。

なお，③の無効主張には期間制限がないという点は，無効を取消しと区別する特徴の一つであるとされる。すなわち，取消しの場合には，第126条により5年あるいは20年という期間制限が課されているので，取消権者（改正前120条，新120条）が取り消さないまま，第126条の期間を過ぎてしまうと，もはや，それ以後は取り消すことはできなくなる。そこで，それまで，不確定な状況の中で一応有効だった意思表示は，有効であったことに確定する。また，前述したように，取消権者が追認をしたときも，以後は取り消すことができなくなり，有効であったことに確定する（122条）。さらに，改正前第125条および新第125条が定めるように，一定の行為が行われた場合には，追認をしたものとみなされる（法定追認）。

3.6.2　無効と取消しの競合

一つの意思表示あるいは法律行為が，無効とみられる要件を満たすとともに，取り消しうべき行為であるとの要件をも満たすという場合がある。たとえば，制限行為能力者である成年被後見人が意思無能力の状態で契約を締結した場合，詐欺または強迫によって公序良俗違反の契約をなした場合などである。このような場合には，契約の効力を否定しようとする者は，無効の主張をしても，取消しをしてもよいと解されている（二重効とよばれる）。3.6.1 で述べたように，無効，取消しといっても，すでに行われた意思表示あるいは法律行為の効力をひっくり返すための法的技術であることから，無効な行為であっても，取り消すことができる。

3.7　条件・期限

契約が有効に成立した場合には，その効力は，契約成立と同時に発生するのが原則である。しかし，当事者の合意で，効力発生時期を遅らせたり，または，一定の事情が発生して，はじめて，効力が発生するものとしたり，あるいは，逆に，いったん効力は発生するが，一定の事情が発生すると事後的に効力を消滅するものとすることがある。これが，条件・期限という制度である。

3.7.1 条　件

たとえば，AがBに，「○○大学に合格したら，きみが前から欲しがっていた私のこの時計をあげよう！」といい，Bが，「わー，うれしい。ありがとうございます！」といって，Aの申し出を承諾すると，その時点で，AB間には贈与契約が成立する。しかし，この贈与契約が効力を生じる，もっと具体的にいえば，AがBに時計をあげる債務が生じるのは，Bが○○大学に合格した時である。しかし，Bが○○大学に合格するかどうかは神のみぞ知ることであって，誰にもわからない。このように，契約の効力を発生するかどうか不確実な事実に係らせる特約を条件という。

条件とされた事実の発生を**条件の成就**とよぶ。条件の成就によって，成立していた契約の効力が発生する場合，その条件を**停止条件**とよぶ。いま，挙げた「○○大学に合格したら，きみが前から欲しがっていた私の時計をあげよう！」というのは停止条件の例である。これに対して，条件の成就によって，いったん発生した契約の効力が消滅する場合，その条件を**解除条件**とよぶ。たとえば，AとBの間での奨学金支給契約において，「Bが大学を4年間で卒業できなかったら，奨学金を打ち切る」という条件がついていた場合がそれにあたる。

停止条件付き契約は，条件成就によって効力を生じ（127条1項），条件が成就しなかった場合には無効となる。解除条件付き契約は，条件成就によって効力を失い（同条2項），条件が成就しなかった場合には，確定的に契約の効力が存続することになる。なお，条件成就の効果が発生するのは，停止条件，解除条件ともに条件成就の時からである（同条1項，2項）が，当事者の意思により，条件成就の効果を遡らせることもできる（同条3項）。

3.7.2 期　　限

たとえば，「きみの20歳の誕生日に，この時計をあげよう！」という具合に，期限の特徴は，条件とは異なり，将来の発生が確実な点にある。停止条件に対応する――効力の発生についてつけられる――のが始期，解除条件に対応する――効力の消滅についてつけられる――のが終期である。また，期限には，いま，挙げた「きみの20歳の誕生日」のように，到来する時期も定まっている確定期限と，「来年の梅雨入りの日」のように，到来することは確実だが，いつであるかわからない不確定期限がある。余計なことではあるが，いまのところ，梅雨は，毎年，必ずやってくることにはなっているので，「来年の梅雨入りの日」は期限であるが，異常気象が続くと，果たして，期限でいられるかどうかは，わからない。

(1) 期限の利益

期限に関して重要なのは，期限の利益をめぐる問題である。

たとえば，Aが，Bから，2年後に返すという約束で，100万円借りたとする。この場合，Aは，2年間は，返済を猶予されている。このように，期限がつけられることによって当事者が受ける利益を期限の利益という。

期限の利益は，誰のためにあるのだろうか。いまの例でいうと，①債務者（A）のためにある，②債権者（B）のためにある，③両者のためにある，の3つが考えられるが，通常は，①の場合が多いはずである。そこで，民法も，期限は債務者の利益のために定めたものと推定している（136条1項）。

(2) 期限の利益の放棄と喪失

第136条第2項にあるように，期限の利益を受けている者は，その利益を放棄することができ，これを期限の利益の放棄という。しかし，同条第2項にあるように，期限の利益の放棄によって，相手方の利益を害することはできない。この意味するところは，そもそも期限の利益を放棄できない――先ほどの例では，Aは2年間経過しないとお金を返すことができない――ということではなく，放棄者は，放棄によって相手方が被る損害を賠償しなければならないということである。

たとえば，Aが無利息でBからお金を借りた場合には，期限の利益はAのためだけにあるので，Aは，2年間経過しなくても，いつでも，Bに返済することができる。これに対して，利息付きの場合には，期限の利益は，AB双方のためにあるので，Aは，期限前に，Bに返済することはできるが，その場合には，2年分の利息を付けなければならない。ただし，Bが金融機関の場合には，2年早く元金が返されたら，その元金を他の人に貸して，利息を稼ぐことができるので，Bは，Aに対して，2年分の利息を請求できるかは疑問である。なお，新法においては，同じようなコンセプトに基づく規定が新設された。「当事者が返還の時期を定めた場合において，貸主は，借主がその時期の前に返還をしたことによって損害を受けたときは，借主に対し，その賠償を請求することができる」と規定する新第591条第3項である。

ところで，先ほどの例では，Aは，Bから借金するに際して，2年間という期限の利益を与えられている。しかし，Aが，その信用を失うような事態が生じた場合にまで，期限の利益を与えるということは，Bにとって，酷である。そこで，そのような場合には，Aは，もはや，期限の利益を主張することは許されず，ただちに弁済しなければならなくなる。これを**期限の利益の喪失**という。第137条は，期限の利益を喪失する場合として3つの場合を挙げている。しかし，実際の取引では，契約によって，同条が定める事実の他にも，一定の事実があれば期限の利益を失う旨の特約（期限の利益喪失約款）が締結されることが多い。

第4章 代　　理

4.1 代理の存在理由

いきなりではあるが，「代理」と聞いたら，パブロフの犬ではないが，必ず，本人，代理人，相手方の３人が登場する図 12 のような三角関係の図が頭に浮かぶようになってほしい。

いま，地方都市に住んでいるＡの息子が，東京の大学に進学することになった。Ａは，自分も商売の関係上，上京することが多いので，息子の大学進学を機に，東京にマンションを購入することにした。しかし，仕事で多忙を極めるＡは，東京に出向く暇がなく，また，東京の不動産事情にも詳しくないことから，Ｂに，マンションを探して，自分にかわって売買契約を締結してもらうことを依頼した。依頼を受けたＢは，Ｃとの間で，Ａの代理人として，マンションの売買契約を締結した。

この売買契約における買主は，直接，契約を締結したＢではなく，Ａである。すなわち，Ｂが行った契約の効果は，行為者であるＢではなく，本人であるＡに帰属する。では，なぜ，Ａが他人であるＢが締結した契約の効果を直接受けなければならないかというと，それは，ＢがＡの代理権を有しているからである。

このように，代理とは，本人にかわって法律行為――その代表は

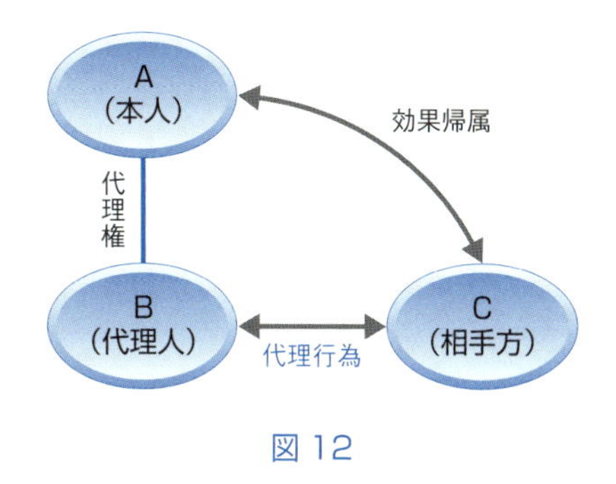

図 12

契約であることは，もう繰り返す必要もないであろう——を行う権限を与えられた者（代理人）が，本人にかわって，行為をしたときに，その行為の効果が本人に帰属する制度である。したがって，代理は，「人は自らの意思に基づいてのみ拘束される」という原則の例外をなす制度ということになる。

それでは，なぜ，このような例外が認められるのだろうか？ 現実に，この原則を貫徹すると，いろいろと不都合が起こるからであり，必要は発明の母というわけである。たとえば，成年被後見人Aは，生活費を捻出するために，所有している不動産の一部を売却しようとしたとする。しかし，Aは，行為能力がないために，単独で有効な売買契約を締結することはできない（3.4.1（3）参照）。しかし，資産を売却する必要性は厳然として存在する。そこで，このような場合には，成年後見人であるBが，Aのために，Aにかわって不動産の売買契約を締結してくれれば非常に便利である。このように，本人が行為能力を欠く場合には，代理制度の存在理由は，私的自治の補充にある。すなわち，民法においては，人はすべて権利能力を有するので，制限行為能力者——たとえば，強度の精神異常によって成年被後見人となった者や生まれたばかりの赤ん坊——であっても，自分の財産を持つことができる。しかし，本人は，自分では，その財産を管理したり，また，必要に応じて，売却したりする能力がないために，本人にかわって，それらの行為をする人が必要になる。未成年者の場合の親権者（818条。親権者がいない場合には未成年後見人（839条，840条）），成年被後見人の場合の成年後見人（843条）がそれである。このように本人の意思に基づかずに発生する代理の関係を**法定代理**といい，このときの代理人を法定代理人という。この場合は，自ら，有効な意思表示ができない本人のために代理がある。

もう一つは，私的自治の拡張である。最初に挙げた例に登場したAを思い出してほしい。もし，Aが自分で契約を行わなければならないとしたら，いつまでも，マンションを購入できないということになってしまう。また，仮に，Aに時間がたっぷりあったとしても，信頼できる人に頼んで，自分のかわりに契約をしてもらうということができれば便利である。この場合の代理は，他人を利用することで，本人が社会的活動，特に，経済的活動の範囲を拡大するため，すなわち，私的自治の拡張のために用いられる。私的自治の拡張のための代理にあっては，本人自身が行為することは可能ではあるが，種々の理由から，本人の意思で他人に代わりにやってもらうということになる。この場合の代理は，**任意代理**とよばれる。

民法は，総則編の第99条～第118条に「代理」という節をおいている。これは，代理一般についての規定であり，任意代理については，もっぱら，この規定が適用されるが，法定代理については，この他，特別の規定が各所にある。本書では，主に，任意代理を中心に説明する。

4.2 代理の基本構造（1）――三角関係

第99条第1項は,「代理人がその権限内において本人のためにすることを示してした意思表示は，本人に対して直接にその効力を生ずる」と規定する。

図12にあるように，代理にあっては，法律行為を実際に行う者と効果帰属者が異なる。Bが行った契約の効果がAに帰属するためには，第99条にあるように，Bは,「その権限内において」「本人のためにすることを示して」意思表示をしなければならない。

① **「その権限内において」**　繰返しになるが，なぜ，Aが，他人であるBがした行為の効果の帰属先となるかというと，それは，BがAの代理権を持っているからである。したがって，Bの行為の効果がAに帰属するためには，Bは，自分が持っているAの代理権の範囲内で行為していなければならない。Bが，Aの代理人でもないのに，Aの代理人と称して，Cと売買契約を行った場合はもちろん，BはAの代理人ではあるが，自分が持っているAの代理権の範囲を越えて，たとえば，最初に挙げた例では，Bが，マンションではなく，工場を購入する契約を結んだ場合には，Aは，Bのしたこの契約に拘束されるいわれはない。すなわち，この契約の法的効果は，Aには帰属しない。このような場合を**無権代理**という。無権代理については，4.4で，もう少し，詳しく説明する。また，無権代理であっても，一定の要件を満たす場合には，例外的に，代理行為の効果が本人に帰属する。これを**表見代理**という。表見代理については，4.5で説明する。

② **「本人のためにすることを示して」**　代理人は代理行為をするにあたっては，その効果は，行為者たる代理人ではなく，本人に帰

属することを相手方に知らせておく必要がある。「本人のためにする」とは，「本人の利益となるように」という意味ではないことに注意すべきである（4.3 参照）。このように，代理人が代理人としての意思表示であると明らかにすることを顕名（けんめい）という。

代理にあっては，顕名の他にも，行為者と効果帰属者が異なることに由来する問題がある。ここでは，それらも扱うことにする。

4.2.1　顕名主義

民法は，顕名主義に立ち，行為の効果が行為者以外の者（本人）に直接帰属することがわかるような状況でなされないと代理行為とは認められないとしている。すなわち，代理人Ｂは，代理行為を行うに際して，たとえば，「Ａ代理人Ｂ」と表示して，効果は自分ではなく，Ａに帰属することを示さなければ，有効な代理行為にはならない。

顕名がない場合，すなわち，代理人Ｂが，本人Ａのために行動していることを示さないで行為した場合には，民法は，原則として，代理人は自己のために意思表示をなしたものとみなしている（100 条本文）。したがって，行為者である代理人Ｂが行為の効果帰属者として相手方との間で権利義務を取得することになる。というのは，行為の効果を行為者ではない本人に帰属させると相手方の期待を裏切ってしまうことになるからである。この場合，第 100 条本文の意味は，Ｂが，内心では，代理人として行為する意思を有していたとしても，錯誤無効を主張することは許されないということにある。ただし，相手方が，ＢはＡの代理人であることを知っていた場合や知りうべきであった場合には，効果がＡに帰属しても，相手方の期待を裏切ることはないので，代理行為として成立する（100 条但書）。

なお，商行為の代理については，顕名主義の例外（商504条）が定められている。

4.2.2 代理人の行為能力

代理人は行為能力者であることを必要としない（改正前102条，新102条）。したがって，本人も代理人も，代理人が制限行為能力者であることを理由として，代理行為を取り消すことはできない。代理においては，代理行為の効果は本人に帰属し，行為者である代理人には帰属しない。したがって，代理人が制限行為能力者であっても制限行為能力者保護制度を発動させる必要がないからである。

【新第102条但書について】

第102条の規律は，任意代理の場合には違和感はないだろう。制限行為能力者を代理人に選んだのは本人である以上，制限行為能力者の行った行為のリスクは本人が負うべきだからである。しかし，代理人の選任に本人の意思が反映されない法定代理の場合には，それでは，本人に気の毒である。そこで，新法は，新第102条に但書を加えて，「ただし，制限行為能力者が他の制限行為能力者の法定代理人としてした行為については，この限りでない」と規定した。たとえば，未成年者（他の制限行為能力者）Aの法定代理人である親権者Bが，保佐開始審判を受けて行為能力の制限を受けた場合である。

これを受けて，新法では，第13条第1項に第10号が新設された。たとえば，未成年者Aの親権者Bが被保佐人である場合には，BがAの法定代理人として，第13条第1項第1号から第9号までの行為を行うには，保佐人Cの同意を得なければならない。もし，Bが

保佐人Cの同意を得ずに，Aの法定代理人として，これらの行為を行った場合には，代理行為を行った制限行為能力者であるBおよび同意権者であるBの保佐人は代理行為を取り消すことができる。さらに，新第102条但書を受けて改正された新第120条第1項——新法によって付加された「制限行為能力者（他の制限行為能力者の法定代理人としてした行為にあっては，当該他の制限行為能力者を含む。）」の括弧書きの規定——により，代理の本人も取消権を有することになった。例に即すと，「他の制限行為能力者」は，代理の本人であるAを指すので，Aも取消権を有することになる。括弧書きはパズルのような規定であるが，納得がいくまで読んでほしい。

4.2.3　代理行為の瑕疵

繰返しになるが，代理においては，行為者と効果帰属者が異なるために，法律行為における当事者の善意・悪意あるいは意思の欠缺や意思表示の瑕疵は，行為者たる代理人について判断すべきなのか，あるいは，効果帰属主体たる本人について判断すべきなのかが問題となる。これについては，現実に意思表示を行うのは代理人であるから，原則として，代理人について判断される（改正前101条1項，新101条1項2項）。たとえば，詐欺を受けたかどうかは，代理人について判断される。したがって，本人は詐欺を受けていなくても，本人に取消権が発生する。

このように，意思の欠缺や意思表示の瑕疵は代理人を基準に判断するのが原則であるが，改正前第101条第2項は，その例外を定めていた。すなわち，同条同項は，代理人が「特定の法律行為」をすることを委託された場合に，本人の指図に従ってその行為をしたときは，本人は，自らが知っていた事情については，代理人が知らなかったと主張することはできず，本人が過失によって知らなかった事情についても同様としている。

「特定の法律行為」をすることを委託した本人は，このような場合には，代理人を指図することによって，自分の利益を守ることが可能である以上，第1項を適用するのは公平に反するという趣旨で定められたものである。したがって，現実に本人の指図があって，はじめて，改正前第101条第2項が適用されるわけではないと解されている。そこで，新第101条第3項では，「指図」の文字を削除した。

【新第101条第1項と第2項】

まず，条文を見てみよう。改正前第101条第1項は，「意思表示の効力が意思の不存在，詐欺，強迫又はある事情を知っていたこと若しくは知らなかったことにつき過失があったことによって影響を受けるべき場合には」とあるのに対して，新第101条第1項は，「代理人が相手方に対してした意思表示の効力が意思の不存在，錯誤，詐欺，強迫又はある事情を知っていたこと若しくは知らなかったことにつき過失があったことによって影響を受けるべき場合」，第2項は，「相手方が代理人に対してした意思表示の効力が意思表示を受けた者がある事情を知っていたこと若しくは知らなかったことにつき過失があったことによって影響を受けるべき場合」とある。

新第101条第1項は，たとえば，代理人が重大な過失により錯誤に基づく意思表示を行った場合であり，新第2項は，心裡留保による意思表示を受けた代理人が心裡留保について悪意だった場合を指す。両者ともに，改正前第101条第1項に含まれており，新法で第1項，第2項に書き分けたことにより，わかりやすくなったとも思えない。それにもかかわらず，なぜ，新法では書き分けたのだろうか？

それは，代理人が詐欺をした場合に，第101条第1項を適用した判例（大判明治39年3月31日民録12輯492頁）が存在するために，同条同項の適用がないことを明確にするためである。ただし，学説は改正前第101条第1項の適用はないが，適用した場合と同様の結論を導く。すなわち，代理人は本人のために行為するものであり，本人は，代理人の代理行為による利益，不利益を受ける地位にあるのだから，代理人の詐欺は相手方にとっては第三者の詐欺というべきではない。したがって，相手方は，本人が代理人の詐欺を知らなくても取消権を有する，と。

4.3　代理の基本構造（2）――内部関係と外部関係

繰返しになるが，BがAの代理人であるということは，BがAの代理人として，Aから与えられた代理権の範囲内でした行為の効果は，本人たるAに帰属するということを意味している。このように，代理権とは，他人であるBの行った行為の効果がAに帰属するための対外的資格であり，また，それ以上のものではない。Bが代理権をどのように行使しなければならないかということは，AB間の関係（内部関係），すなわち，BがAの代理権を得る原因となった行為によって定まる。任意代理の場合，代理権を与える原因となった行為はAB間の契約である。代表的なものとしては委任契約（643条）が挙げられるが，他の契約――たとえば，雇用契約（623条），請負契約（632条）――である場合もある。

したがって，代理を考える場合には，Bのした行為の効果がAに帰属するか否かという外部関係の問題――AとCとの関係――と，Bは，その行った代理行為について，Aに責任を負うか否かに代表される内部関係の問題――AとBとの関係――とは分けて考えなければならない。

4.3.1 代理権の濫用
──内部関係が外部関係に波及するとき（その1）

代理権の濫用とは，代理人が代理権の範囲内で代理行為を行ったが，実は，その行為は，代理人自身あるいは第三者の利益を図るために行われたため，本人が，それによって損害を被るという場合である。たとえば，

> A（本人）は，B（代理人）に対して，原料を仕入れる代理権を与えていたところ，Bは，この代理権を利用して，Cから原料をAの代理人として買い受けた上で，これを他に横流しして，その利益を着服した。

この場合，確かに，Bは，自分の利益を図るためにCとの間で代理行為を行っているが，当該代理行為は，AがBに与えた代理権の範囲内にある。したがって，代理行為の効果──外部関係──はAに帰属し，AはCからの代金請求に応じなければならない。というのは，代理人が，代理行為をする際に，誰の利益を図るために行ったかという意図によって，代理行為の効果が本人に帰属したり，しなかったりしては，相手方の利益を害することになるからである。代理人の背信行為のリスクは，原則としては，本人が負うべきである。このように代理権の濫用にあっては，対外的には，完全に有効な有権代理である。しかし，本人と代理人の内部関係にあっては，本人は，代理人に対して，責任を追及することができる。これが，代理行為における原則である。

しかし，相手方であるCが，Bは，実は，自分の利益を図るためにA名義で購入したことを知っていた場合にも，Cは，Aに対して，代金の請求ができるだろうか。これに対して，最判昭和42年4月20日民集21巻3号697頁は，心裡留保に関する改正前第

93条但書の類推適用により，CのAに対する請求を斥けた。すなわち，Cが，Bの行為はAの利益を図るためではないことを知っていたか，あるいは，知りうべきであったときは，Bによってなされた代理行為の効果は本人たるAには帰属しないとした。

しかし，この場合には，Bは，代理行為の効果を本人に帰属させる意思はあったわけであるから，心裡留保に擬せられるべき事態は存在していない。最高裁が改正前第93条但書を類推適用したのは，本人に対して，代理人の意図に関する相手方の主観的態様（悪意，善意有過失）についての立証責任を負わせて，本人が，代理人の権限濫用についての相手方の悪意あるいは有過失を立証できた場合には，悪意あるいは有過失の相手方に対する保護を拒否するためであり，改正前第93条但書の援用には借用という感じがつきまとう。

そこで，新法は，代理権の濫用について正面から規定した。すなわち，新第107条は，「代理人が自己又は第三者の利益を図る目的で代理権の範囲内の行為をした場合において，相手方がその目的を知り，又は知ることができたときは，その行為は，代理権を有しない者がした行為とみなす」と規定している。前述したように，代理権の濫用は有権代理であるので，本人に効果が帰属するのが原則である。そこで，本条は，本人への効果不帰属を導くために，無権代理とみなしている。今後は，無権代理とみなすことによって，無権代理に関する規定（第113条～第117条）の適用があるか否かが問題となろう。

4.3.2　自己契約・双方代理の禁止
――内部関係が外部関係に波及するとき（その2）

代理にあっては，本人は，他人である代理人が行った行為の効果の帰属先となる。法律上，正確な表現ではないが，本人は他人が行った行為の責任を負うことになる。本人と代理人の間――内部関係――が，強い信頼関係を基礎にしていなければできることではない。そこから，民法は，自己契約・双方代理を禁止している（108条）。

図13にあるように，自己契約とは，たとえば，本人AからA所有の不動産を売却することについて代理権を与えられた代理人Bが，自ら，買主となる場合のように，同一の契約について，当事者の一方が他方当事者の代理人となることをいい，双方代理とは，売主Aの代理人Bが，買主Cの代理人を兼ねて売買契約を締結する

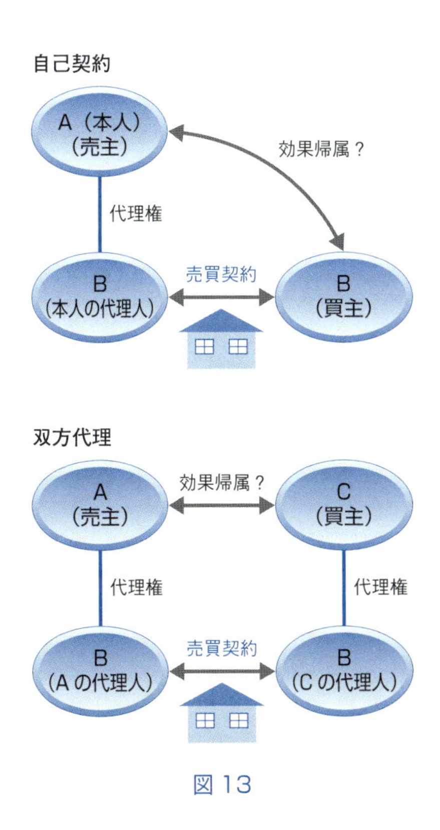

図13

場合のように，同一人が同一の契約の当事者双方の代理人となることをいう。

民法が自己契約・双方代理を禁止しているのは，本人の利益を害する危険が多いためである。したがって，自己契約・双方代理に形式的には該当する場合であっても，本人の利益を害する危険がない場合には，それらを禁止する必要はない。改正前第108条但書が，「債務の履行」については，自己契約・双方代理を許しているのは，「債務の履行」の場合には，予めなすべきことが定まっており，本人の不利益になることはないからである。たとえば，登記の申請に際しては，通常，売主，買主は，同じ司法書士に頼む。これは，形式的には双方代理に該当する。しかし，この登記手続は，すでに，売主・買主間で決定された売買契約上の債務の履行にすぎないので，双方代理であっても許される。

民法が自己契約，双方代理を禁止しているのは，それらにあっては，本来，代理人は，本人の利益を図らなければならない地位にあるにもかかわらず，本人以外――自己契約にあっては代理人自身，双方代理にあっては，もう一人の本人――の利益を図る可能性がある地位にあるからである。すなわち，自己契約・双方代理の禁止の背後には利益相反行為の禁止がある。**利益相反行為**とは，**本人と代理人の利益が相反する行為**を指す。そこで，形式的には，自己契約・双方代理に該当しないにもかかわらず，利益相反行為に該当する場合には，改正前にあっても第108条で禁止された。たとえば，Aに対して債務を負担するBが，Cの代理人として，Aとの間で，自分の債務についてCを保証人とする保証契約を締結する行為は，利益相反行為の代表例である（たとえば，大判昭和7年6月6日民集11巻1115頁）。このように改正前民法は，自己契約・双方代理には該当しないが，利益相反行為には該当する行為については，規定していなかった。そこで，新法は，新第108条第2項で，その点について明文をもって規定した。

なお，自己契約・双方代理の禁止に反する代理行為は，従来から，無効ではなく，無権代理となると解されている。したがって，本人が予め同意している場合には，自己契約・双方代理も可能であり（改正前第108条但書），また，本人の同意なく行われた場合であっても，本人が追認すれば本人に効果が帰属する（第113条）とされる。この点については，従来，異論はないと思われるにもかかわらず，新第108条第1項は，「代理権を有しない者がした行為とみなす」と規定している。なぜ，このように規定したのかは，疑問と言わざるを得ない。

【内部関係と外部関係が交錯するとき】

4.2.2で説明したように，代理人は，行為能力者であることを要しない（改正前102条，新102条）。たとえば，任意代理において，未成年者（B）が親権者の同意を得ずに，Aと委任契約を締結し，Aの代理人として，Cとの間で不動産の売買契約を締結したとする。この場合，第102条の意味するところは，AもBも，Bが未成年者であったことを理由に代理行為を取り消すことはできないということである。

これに対して，Bが，未成年者であることを理由に，Aとの間で締結した委任契約を取り消すことは，第102条の問題ではないので，Bは，委任契約を取り消すことができる（5条2項）。すると，委任契約ははじめに遡って効力を失うので，Bが有していた代理権も遡及的に消滅してしまい，Bが行った行為は無権代理になり，Aへの効果帰属が否定されないかという問題が生じる。しかし，それでは，相手方（C）に不測の損害を与えることになってしまい，第102条の趣旨にも合致しない。この問題は，ＡからＢへの代理権授与行為の法的性質をめぐって，かつては活発に議論されたが，現在では，学説は，代理権授与行為の法的性質をどのように考えるかにかかわらず，すでに行われた代理行為の効果には影響を及ぼさないと解することでは一致している。

4.4　無権代理

4.4.1　概　観

代理人が代理権の範囲内で有効に代理行為を行った場合には，その効果は，すべて，本人に帰属する。このような場合を有権代理という。これに対して，代理人が与えられた代理権の範囲外の行為をしたり，代理人でもないのに代理行為を行った場合，要に，代理権を与えられていない事項について代理行為が行われた場合を無権代理という。

無権代理の場合には，本来的には，当該代理行為の効果が本人に帰属することはない。また，行為者たる代理人は，代理行為として行っており，当該行為の効果を自分に帰属させる内心の効果意思もないので，当該行為の効果が行為者に帰属することはなく，無効である。しかし，無権代理は無効――本人に効果が帰属しない――といっても，それは，あくまでも本人の利益を考えてのことである。同じ無効といっても，公序良俗違反の契約（改正前90条，新90条）のように，絶対にその効力を認めてはいけないという性質のものではない。したがって，本人が承諾（追認）する場合には，その効力を認めてよいという扱いがなされている（113条）。

第2に，無権代理行為であっても，本人と無権代理人の間に特殊な関係がある場合には，本人の意思にかかわらず，本人に代理行為の効果を帰属させることにした。これを表見代理という（4.5で扱う）。

さて，無権代理行為が行われた場合，本人，相手方がとりうる処遇は，以下の通りである。

(1) 本人がとりうる処遇

① **追認権（113条）**　第113条第1項は，「代理権を有しない者が他人の代理人としてした契約は，本人がその追認をしなければ，本人に対してその効力を生じない」と規定する。追認があると，無権代理行為は，行為のときに遡って有効になる（116条）。

② **追認拒絶権**　これによって代理行為の効果は本人に帰属しないことに確定する。

(2) 相手方がとりうる処遇

① **催告権（114条）**　本人による追認あるいは追認拒絶があるまでは，相手方は不確定な地位におかれる。そこで，民法は，相手方に催告権を与え，そのイニシアティブで本人の態度決定を迫ることができるようにした。すなわち，第114条は「相手方は，本人に対し，相当の期間を定めて，その期間内に追認をするかどうかを確答すべき旨の催告をすることができる。この場合において，本人がその期間内に確答をしないときは，追認を拒絶したものとみなす」と定めている。したがって，催告を受けた本人が放置していた場合には追認拒絶とみなされる。

② **取消権（115条）**　第115条本文は，「代理権を有しない者がした契約は，本人が追認をしない間は，相手方が取り消すことがで

きる」と規定し，相手方のほうから代理人との契約を解消することを認めた。したがって，取消しが行われると，相手方と無権代理人との間の法律関係は解消し，本人は，もはや追認できなくなる。

ところで，無権代理にあっては，取消しを待つまでもなく，代理行為の効果は本人には帰属していない。したがって，代理行為の本人への効果不帰属の点に着目すると，ここでの取消しは，有効なものを取り消して効果不帰属――無効――にするという性質のものではなく，無効なものが追認によって有効となる可能性を排除するものにすぎない。しかし，ここでの「取消し」は，単に，代理行為への本人への効果不帰属を確定するだけではなく，無権代理行為によって成立した代理行為自体を消滅させるという意味を持つ。

なお，相手方が無権代理であることを知っていた場合には，取消権は与えられない（115条但書）。というのは，このような場合にまで，取消権を認めて，本人から追認の機会を奪う必要はないからである。

③　無権代理人の責任（改正前117条，新117条）　無権代理行為の相手方は，本人の追認を得られない場合には，所期の目的を達することができなくなる。相手方は，無権代理行為によって損害を被った場合には，無権代理人に対して不法行為に基づく損害賠償請求ができる（709条）。しかし，民法は，相手方が所期の目的を達成できなかったという特殊性を考慮して，相手方の無権代理人に対する責任追及のために特別の規定をおいた。すなわち，改正前第117条第1項，新法第117条第1項ともに，「他人の代理人として契約をした者」が，自己の代理権を証明できず，かつ，本人の追認を得られなかったときは，「相手方の選択に従い，相手方に対して履行又は損害賠償の責任を負う」と規定する。

④　**表見代理の主張**

③，④については，項を改めて，4.4.2 と 4.5 で説明することにする。

【無権代理と相続――本人の地位と無権代理人の地位が同一人に帰した場合】

無権代理人と本人との間に相続が生じた場合，相続人は，無権代理人と本人という二重資格を有することになる。すると，相続人は，2つの資格の使い分けができるかという問題が生じる。この問題は，無権代理人が本人を相続した場合（図 14）と本人が無権代理人を相続した場合（図 15）で，当事者がおかれている利益情況が異なるので，場合を分けて考えることにする。

判　　例　　判例は，本人が無権代理人を相続した場合（図 15）には，資格の使い分けを認め，相続人が本人として追認を拒絶しても，信義則には反しないとした（最判昭和 37 年 4 月 20 日民集 16 巻 4 号 955 頁）。しかし，本人は，無権代理人の地位も相続しているので，無権代理人の責任（117 条）を免れることはできないとした（最判昭和 48 年 7 月 3 日民集 27 巻 7 号 751 頁）。これに対して，無権

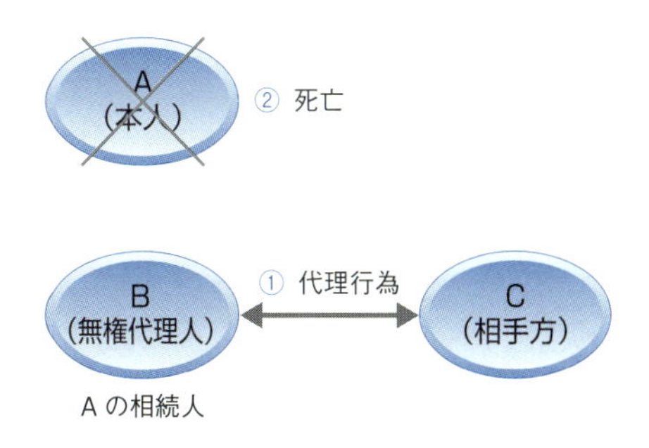

図 14

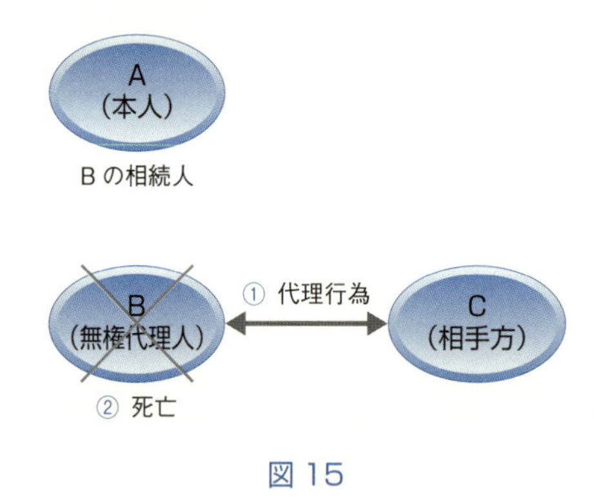

図15

代理人が本人を単独相続した場合（図14）には，無権代理人の地位と本人の地位が相続によって一体となったことによって，本人が自ら行為をしたのと同様の効果を生ずると解し（最判昭和40年6月18日民集19巻4号986頁），相続人による資格の使い分けを認めなかった。

学　　説　学説は，判例の結論自体は認めるものの，無権代理人が本人を相続した場合（図14）については，当然に有効になるのではなく，相続人は，本人として追認拒絶をすることは信義則に反して許されないと考えるべきだとする考えが多数説である。追認拒絶が認められない以上，無権代理は有権代理となり，相続人は履行の責任を負うことになる。

これに対して，本人が無権代理人を相続した場合（図15），通説は，本人の資格で追認拒絶をすることは許されるが，追認拒絶をすると，無権代理人の責任（117条）を追及されるとする。4.4.2（2）で説明するように，第117条にあっては，相手方は，無権代理行為について，悪意だったり，善意有過失だった場合には，無権代理人の責任を追及することができない（新117条も原則同じ）。この点，無権代理人が本人を相続したときに，追認拒絶は許されないとの考えに立った場合には，常に，相続人は，履行の責任を負うのと異なる。

ところで，第117条にあっては，相手方は，無権代理人に対して，履行または損害賠償請求を行うことができる。いま，特定物――当事者が物の個性に着目して取引した物――の代表である不動産の売買契約を考えた場合，相続が起こらなければ，無権代理人は不動産の所有者ではないので，相手方は，無権代理人に対して履行を請求することはできない。そこで，相続があると，相手方は履行を請求できるかが問題となる。

同様の問題は，他人の権利を目的とする売買契約の締結後，売主が死亡し，その権利の権利者が売主を相続した場合にも生ずる（最（大）判昭和49年9月4日民集28巻6号1169頁）。この場合，最高裁は，権利者は，売主の地位を相続によって承継しても，相続前と同様に，原則として，売主としての履行義務を拒否できるとした。もちろん，この場合，相続人は，他人の権利の売主の負う損害賠償義務については免れることはできない。

この考え方を，本人の無権代理人相続の場合にも及ぼすと，相手方は，無権代理人の責任を追及することはできても，履行を請求することはできないということになる。というのは，相続という事情がなかったならば，相手方は，無権代理人に対して，損害賠償を請求できるだけであるので，相続という偶然の事情によって，本人が不利に扱われるべきではないからである。

なお，いままでは，相続人が1人の単独相続を例に挙げて説明したが，現実の相続は相続人が複数である共同相続がほとんどを占める。最判平成5年1月21日民集47巻1号265頁および最判平成5年1月21日判タ815号121頁は，無権代理人が他の相続人とともに，本人を共同相続した事案を扱っている。

4.4.2 無権代理人の責任

(1) 責任の内容

4.4.1 で説明したように，本人が無権代理行為を追認しない場合には，相手方は所期の目的を達することはできなくなる。このように所期の目的を達することができなくなった相手方を保護するために設けられたのが第117条である。

さて，改正前民法，新法ともに，第117条第1項によると，相手方は，無権代理人に対して，その選択に従って，履行または損害賠償の請求ができる。履行が選択された場合には，相手方と本人との間に有効な契約が成立した場合と同じように，相手方は，無権代理人に対して，その履行を請求することができる。しかし，契約の目的物が不動産のような特定物の場合には，無権代理人は本来の履行をすることができないので，相手方は，履行を選択する意味はない。しかし，契約の目的物が不特定物であって市場で入手できる物のように，無権代理人にも履行可能な場合には，履行を選択することに意味がある。

相手方が履行を選択した場合には，無権代理人は，契約上の義務だけではなく，権利も取得することになる。これに対して，損害賠償を請求した場合には，相手方は，無権代理人に対して，本人・相手方間の契約が履行されたならば得られたであろう利益を損害賠償として請求することができる。

(2) 責任追及の要件

相手方が第117条によって無権代理人の責任を追及するためには，無権代理であること，本人の追認が得られないこと（同条1項）に加えて，以下の要件が必要である。

①　相手方が第115条の取消権を行使していないこと　4.4.1で述べたように，相手方が取消権を行使した場合には，無権代理人との法律関係が消滅するからである。

②　相手方の無権代理行為に対する善意・無過失　相手方は，無権代理人に代理権がないことを知っていた場合，あるいは，過失によって知らなかった場合には，第117条の責任を追及することはできない（改正前117条2項，新117条2項）。逆に，相手方は，無権代理人に代理権がないことについて善意・無過失であれば，無権代理人が無権代理人として行為したことにまったく過失がない場合であっても，同条の責任を追及することができる。同条は，代理行為に対する相手方の信頼を保護する制度であるからである。

ただし，新法は，改正前民法に一つ変更を加えた。すなわち，無権代理人に代理権がないことについて相手方が善意ではあるが過失がある場合であっても，改正前民法と異なり，無権代理人が自分に代理権がないことについて悪意であれば，相手方は，なお，無権代理人の責任を追及できるとした（新117条2項2号）。すなわち，原則は，改正前民法と同様に，相手方が代理権の不存在について善意有過失であれば，無権代理人は責任を負わない。この場合，無権代理人が自分に代理権がないことを知っていた場合まで，相手方の犠牲において無権代理人を保護する必要はないが，他方，相手方が悪意である場合には，たとえ，無権代理人が自分に代理権がないことを知っていても，相手方を保護する必要はないとの利益考量が行われたわけである。

③　無権代理人は行為能力者であること（改正前117条2項，新117条2項3号）　無権代理人が制限行為能力者である場合には，第117条の責任を負わない。4.2.2で説明したように，制限行為能力者も代理人になることができる（改正前102条，新102条）。しかし，第

117条の責任を追及された場合には，無権代理人は，契約当事者の地位に立ったのと同様に義務を負う。そこで，制限行為能力者を保護するために，無権代理人が制限行為能力者である場合には，同条の適用を排除したものである。

4.5 表見代理

4.5.1 概　観

表見代理とは，本来は，無権代理行為であるものについて，無権代理人と本人との間に一定の関係がある場合に，無権代理人を真実の代理人であると誤信して取引した相手方を保護する制度である。表見代理の根拠は，権利外観法理（3.4.2（5）の3.［1］参照）にあり，表見代理が認められると，有権代理があったと同様に，本人に対して効力が生ずる。

表見代理が成立し，相手方が保護されるためには，単に，相手方が無権代理人を代理人と信じただけでは足りず，本人の側にも，責任を負わされても仕方がないだけの事情（帰責事由）が必要である。この帰責事由として，民法は，条文上，3つを定めている。すなわち，第109条（代理権授与の表示による表見代理），第110条（権限外の行為の表見代理），第112条（代理権消滅後の表見代理）である。

表見代理は相手方保護のための制度であるから，表見代理の成立を主張できるのは相手方だけであり，無権代理人は，これを主張することはできない。また，相手方は，表見代理を必ず主張しなければならないわけではなく，表見代理を主張するか，第117条の無権代理人の責任追及をするか選択することができる。無権代理人は，表見代理が成立することを主張して，第117条の責任追及を免れることはできない（最判昭和62年7月7日民集41巻5号1133頁）。

4.5.2　代理権授与の表示による表見代理

典型的には，次のような場合が第109条の表見代理に該当する。

> Aは，Bに対して代理権を授与していないにもかかわらず，Cに対して，「Bは私の代理人として仕入れを任せてある」と述べた。その後，Bは，Aの代理人として，Cから商品を購入する契約を締結し，Cから商品を受け取ったまま逃げてしまった。この場合，Cは，Aに対して，代金を請求することができるか。

Aは，実際には，Bに代理権を与えてはいないので，Bの行為は無権代理行為である。しかし，Aの言葉を信じたCは保護されてよいはずである。そこで，改正前第109条，新第109条第1項は，「第三者（C）に対して他人（B）に代理権を与えた旨を表示した者（A）は，その代理権の範囲内においてその他人が第三者との間でした行為について，その責任を負う」と定める。したがって，有権代理と同様に，AC間に売買契約が成立し，Aは，Cに対して，売買代金を支払わなければならない。ただし，Cが保護されるためには，Cは，善意無過失でなければならない（改正前109条但書，新109条1項但書）。

なお，代理権授与の表示――いまの例では，AがCに対して「Bに代理権を与えた」といったこと――があれば，言われたCは，Bに代理権があると信ずるのが普通である。したがって，相手方は悪意であった，あるいは，善意であったかもしれないが過失があったという立証に本人が成功しない限り，相手方は善意無過失として扱われる。すなわち，相手方の善意・無過失の立証責任は本人側にある。

なお，先ほどの例で，Bが行った代理行為が，AがBに与えたと表示した代理権の範囲以外のこと——たとえば，Aの不動産の売却行為——だった場合，Cは保護されるかという問題がある。この場合，Cの保護は，改正前民法下では，第109条と4.5.3で説明する第110条を重ねて適用することによって図られた（最判昭和45年7月28日民集24巻7号1203頁）。そこで，新法においては，改正前民法下における第109条と第110条の重畳適用を明文をもって規定した。すなわち，新第109条第2項がそれである。

ところで，判例は，本人が自分の名前や商号の使用を他人に許した場合にも，第109条の適用を認めている。最判昭和35年10月21日民集14巻12号2661頁は，東京地方裁判所が職員の互助団体に「東京地方裁判所厚生部」という名称の使用を黙認していた事案において，同条の適用を認めた。

なお，商法には，第109条の特則がいくつかおかれている。第14条（名板（ないた）貸し），第24条（表見支配人），会社法第13条（表見支配人），第354条（表見代表取締役）がそれである。それぞれ自分で条文を読んでおいてほしい。

4.5.3 権限外の行為の表見代理

> Aは，Bに対して，その所有する家屋の賃貸借契約を締結する代理権を与えていた。しかし，Bは，Aの代理人と称して，当該家屋をCに売却してしまった。Aは，Cからの移転登記請求に応じなければならないだろうか。

第110条は，代理人が与えられた代理権の範囲を越えて行った代理行為について認められる。すなわち，「代理人がその権限外の行為をした場合」に「第三者が代理人の権限があると信ずべき正当な理由があるときは」，本人は，代理人が第三者との間でした行為について，その責任を負う。同条が定める表見代理の類型は，表見代理中，もっとも，よく起こるものである。第109条とは異なり，無権代理行為を行った者は，一応，代理権を持ってはいるが，与えられた代理権の範囲を越えて代理行為をしたという場合である。

第109条において，本人が責任を負うのは，代理人でもない人間について代理人としての外観を作出した以上は，その外観と矛盾する行為をとってはいけないということにある。これに対して，第110条において，本人が責任を負うのは，「そういう悪いことをする者を代理人に選んだリスクは，本人が負え！」ということにある。なお，この点は，第110条は法定代理にも適用があるかという問題に関連する。

(1) 基本代理権の存在

第110条の表見代理が存在するためには，条文上，代理行為を行った者に代理権が存在することが必要である。すなわち，自称代理人に代理権があるように見え，いかに，そう思うのがもっともであっても，代理権（これを基本代理権という）のない者の行った代理行為については，表見代理の成立する余地はない。

しかし，何をもって，この基本代理権とするかについては微妙な問題がある。具体的には，基本代理権は，文字通り，「代理権」——契約に代表されるように私法上の法律行為をなしうる代理権——でなければならないのか，あるいは，もう少し緩やかに考えて，事実行為の代行権限でよいのかという問題である。いま，最判昭和35年2月19日民集14巻2号250頁を例に説明しよう。図16を見て

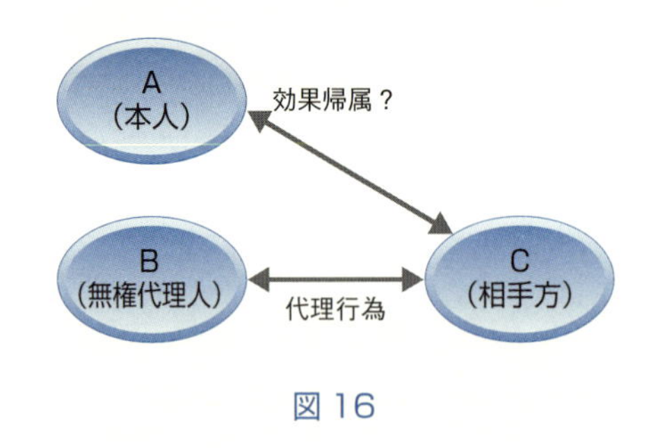

図 16

ほしい。

Aは，D金融会社への投資（貸付）を勧誘する外交員であったが，体の調子が思わしくなかったので，長男のBが，Aに代わって，勧誘業務にあたっていた。Cは，Bの勧誘に応じて，D社に貸付をしたが，その際，Bは，Aに無断で，Aの代理人として，CのD社に対する貸付について，Aを連帯保証人とする契約を締結した。

DがCにお金を返さなかったので，Cは，Aに対して，連帯保証契約に基づいて「金を返せ！」と訴えた。最高裁は，Bは，Aの勧誘業務を事実上代行していただけなので，このような事実行為の代行権限は，第110条の基本代理権にはならないとして，CのAに対する請求を棄却した。

判例は，基本的には，第110条の基本代理権たりうるためには，文字通り「代理権」——契約に代表されるように私法上の法律行為をなしうる代理権——でなければならないと解している。しかし，このような判例の態度に対しては批判が多い。というのは，なぜ，表見代理が成立するためには基本代理権が必要であるかというと，いくら取引の安全が大事であるからといって，本人が全くその作出に関与していない外観についてまで，本人に責任を及ぼすのは本人にとって酷だからである。

ところで，本人が無権代理人に代理権を与えたか，あるいは，事実行為を委託したかによって，本人の外観作出に対する関与の大小が決まるものではない。代理権というとご大層に聞こえるが，極端な話，鉛筆1本を購入する権限も代理権であり，また，先ほどの例でいえば，投資勧誘業務は，いくら高額な投資の勧誘を委託しても事実行為の委託であることに変わりはない。そこで，事実行為か私法上の行為かを問わず，本人のために対外的に何らかの行為をなすことを委託されていたら，基本代理権ありと考えるべきである。要に，第110条については，入り口の要件は緩やかに解し，その成否は，次に述べる「正当理由」の判断において決すべきである。

(2) 正当理由

第110条の表見代理が成立するためには，第三者に「代理人の権限があると信ずべき正当な理由」がなければならない。この正当理由が，単に，相手方の「善意・無過失」を意味するとしたら，正当理由で判断されるのは，相手方の事情だけということになる。そして，本人側の事情は，基本代理権という要件でのみ考慮されることになる。この判断枠組みでは，基本代理権ありと認定されれば，基本代理権と実際に行われた代理行為がいかに離れたものであったとしても，相手方が無権代理人に代理権があると信じたことについて善意・無過失であれば，表見代理が成立することになる。

しかし，実際の判例では，正当理由においては，相手方の事情だけではなく，本人側の事情も判断されている。たとえば，基本代理権と実際に行われた代理行為の食い違いの大きさなどが正当理由で判断されている。このように，正当理由においては，表見代理の成立を認めるべきか否かについて，本人と相手方の一切の事情を考慮して総合的な判断が行われる傾向がある。いわば，正当理由が一般条項化している（たとえば，最判昭和51年6月25日民集30巻6号665頁）。同様の状況は，改正前第109条（新109条1項），改正前第112条（新112条1項）の善意・無過失においても出現しているが，この傾向は，第110条において，特に顕著である。

(3) 法定代理への適用

先ほど，第110条において，本人が責任を負うのは，「そういう悪いことをする者を代理人に選んだリスクは本人が負え！」ということにあると述べた。この考え方によれば，第110条は法定代理には適用されないことになる。ところが，その後の学説は，取引の安全を重視し，第110条，第112条ともに，法定代理への適用を認め，判例（大連判昭和17年5月20日民集21巻571頁）も，この考え方に追随した。

しかし，これに対しては，有力な反対説が主張されている。すなわち，表見代理は，権利外観法理の表れであるが，権利外観法理において，本人の犠牲において相手方が保護されるためには，単に，相手方が外観を信頼しただけでは足りず，本人にも，権利の外観を作出したことに対する帰責事由が要求される。したがって，本人に何らの帰責事由のない法定代理に，第110条を適用するのは妥当ではないというものである。

ただし，家制度が廃止された第2次世界大戦後は，法定代理人による権限外の行為による表見代理は，実際には，ほとんど起こりえなかった。しかし，成年後見制度の創設によって，保佐人・補助人に代理権が付与される場合（3.4.1（3）の2. 参照）には，代理権の範囲が限定されているので，今後，これらの者について表見代理が問題となる事例が発生するかもしれない。

なお，この関連で，夫婦の日常家事代理権（761条）は基本代理権たりうるかという問題がある。すなわち，第761条は，夫婦は，日常の家事に関する債務（日常家事債務）については，連帯責任を負うと定める。そこで，その解釈として，夫婦は，日常の家事に関する行為については，互いに代理権（日常家事代理権）を持つとされている。この問題は，夫婦財産制や日常家事代理権に対する理解が前提となるので，そのような問題があるということの指摘にとどめ，詳細は，親族・相続を勉強する時に譲りたい。

4.5.4 代理権消滅後の表見代理

Bは，Aの使用人として，商品の仕入れについて代理権を有していたところ，勤務態度不良を理由に解雇され，代理権も消滅してしまった。しかし，Bは，Aの従前からの取引先であったCとの間で，Aの代理人として取引した。この場合，Aは，Cに対して，代金を支払わなければならないか？

この場合，BがCとの間で行った代理行為は無権代理であるが，このような場合に契約の効果がAに帰属することを認めたのが第112条である。もちろん，Cは善意無過失でなければならないが。第112条も，第109条，第110条と同様に，権利外観法理の表れである。Bの代理権が消滅したら，Aは，Bの代理権があるような外観を取り除くように努力すべきであったというわけである。

なお，判例は，かつては，第112条の保護を受けるためには，相手方は，無権代理人が以前に代理権をもっていたことを知っている必要があると解していた（大判昭和8年11月22日民集12巻2756頁）。しかし，その後，相手方が過去に無権代理人と取引したことがあるという事情は，相手方の善意無過失を認定する一資料にとどまると解し（最判昭和44年7月25日判時574号26頁），相手方は，無権代理人と代理行為をしたときに，代理権の不存在について善意無過失であれば，保護されると解するようになった。学説も，第112条は，相手方が無権代理人が以前に代理権を持っていたことを知っていた場合だけに適用されるわけではないとしていた。これに対して，新第112条第1項は，「代理権の消滅の事実を知らなかった第三者」と規定し，第112条で保護されるためには，相手方は，無権代理人が以前に代理権を有していたことを知っている必要があることを明らかにした。

なお，第112条についても，第109条と同様に，第110条と重ねて適用されることが認められていた（大連判昭和19年12月22日民集23巻626頁）。そこで，新第112条第2項は，第112条と第110条の重畳適用を明文をもって規定した。

4.5.5 表見代理の効果

何度も繰り返すようだが，表見代理の基本的効果は，本人への効果帰属である。しかし，表見代理が成立しても有権代理と完全に同じになるわけではない。したがって，相手方は，表見代理を主張せずに，無権代理人の責任（改正前117条，新117条）を追及することもできるし，また，第115条の取消権を行使することもできる。本人は，追認を行うことはできるが，自己への効果帰属を拒むことはできないので，追認拒絶を行うことはできない。

第5章 法　人

5.1 法人とは何か？

法人は，人と並んで，法人格――権利能力――を有する存在である。それでは，なぜ，人――自然人ともいう――以外に権利能力を認めなければならないのだろうか？

まず，多数の人が集まってお金や労力を出し合って共同で事業を営んでいる場合に，法人という制度がなかったらどうなるかを考えてみたい。人が集まっているという場合，社会的には，「団体」という存在が認められる。

たとえば，この団体が事業のために必要な土地を購入しようとしたとする。売買契約の当事者は団体の構成員全員である。そこで，契約締結に際しては，全員が，契約に立会い，契約書に署名・捺印することになる。もちろん，誰か一人が，他の人たちから売買契約締結のための代理権をもらって，実際には，その人一人が契約書に署名・捺印してもよい。どちらにせよ，構成員が少人数であるなら，それでもよいかもしれないが，大人数になると，なかなか大変である。次に，めでたく売買契約を締結して，土地を購入できたとする。すると，土地に所有権登記をしようとするだろう。この場合，土地は構成員全員の共同所有ということになるので，土地の登記には，所有者として，構成員全員の名前を連ねなければならない。これも，なかなかに面倒くさい。さらに，この団体の事業がめでたく軌道に乗って，いろいろ財産を取得したとしよう。しかし，この財産は，あくまでも，構成員全員の共同所有に属するので，そのうちの一人——ここで，A_1 としよう——が借金を作った場合，A_1 の債権者Bは，団体の財産に対する A_1 の持分を差し押さえて，債権を回収することになる。しかし，このようなことを認めると，いくら，団体としては事業が安定していても，団体の財産的基盤は安定しない（図 17）。

このような不都合を避けるためには，団体があたかも人のように自分の名において契約の当事者となり，構成員とは独立に自分の財産を所有することを認めるのが便利であろう。団体にあたかも人と同様に権利能力を認めれば，このことは達成される。すなわち，団体に人と同様に権利能力を認めたのが法人という制度である。

なお，同様の要請は，人の集まりである団体ではなく，一定のまとまった財産を，その所有者から独立して，特定の目的のために用いようとする場合にも生じる。この場合には，財産の集合に権利能力を認めることになる。人の集まりである団体に権利能力を認めた

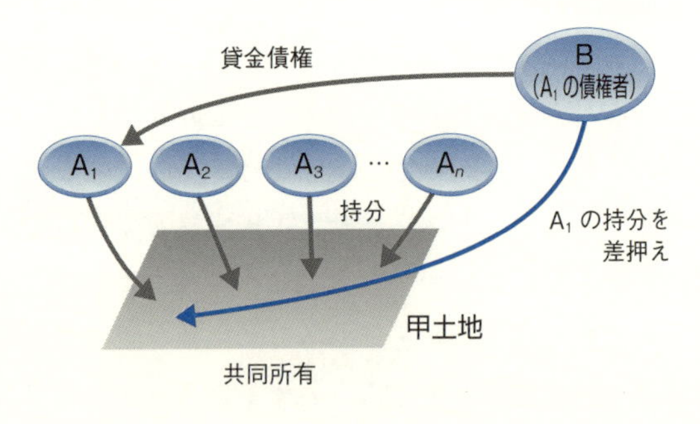

図 17

場合を社団法人，財産の集まりに権利能力を認めた場合を財団法人という。

【法人と有限責任】

団体に，構成員とは独立に自分の財産を所有することを認めるということは，図 17 にあるように，構成員個人に対する債権者は団体の財産を差し押さえることはできないということを意味する。

これと似て非なるのが，団体の債権者は，構成員個人の財産を差し押さえることができるかという問題である。この問題がもっとも端的に表れるのは，団体が事業に失敗した場合である。この場合に，構成員は，団体の債権者に追っかけられない，言葉を変えると，最初に出したお金以上のものを失うことはないか，追加負担を負うことはないかということである。追加負担を負うことはない場合，この団体は「有限責任」であると表現される。しかし，法人なら，常に，有限責任であるわけではない（会社 576 条参照）。法人であることと，構成員が有限責任であることは，直接には関係しない。

5.2 法人法の改正

民法の条文を見てみよう。民法は，法人に関しては，第 33 条から第 37 条までの 5 条しか規定しておらず，第 38 条から第 84 条までは，削除となっている。第 38 条から第 84 条までが削除されたのは，平成 18 年（2006 年）のことである。その経緯は以下の通りである。

平成 18 年改正前の民法は，法人のうち，「学術，技芸，祭祀，宗教その他の公益に関する社団又は財団」であって「営利を目的としないもの」，すなわち，公益法人について規定していた。なお，同じく公益を目的とする法人であっても，民法ではなく，特別法で定められているものもある（この状況は，民法改正後も変更はない）。たとえば，学校法人（私立学校法），医療法人（医療法），宗教法人（宗教法人法）等である。しかし，いずれにしろ，これら公益法人の設立に際しては，許可主義がとられ，主務官庁の許可があってはじめて法人となることが認められていた。

なお，現在，もっとも重要な法人は，営利を目的とする法人である会社である。会社については，会社法が規律している。会社の設立については，準則主義が採用され，法律の定める要件が具備されれば，その設立が認められている。

このように，公益法人については，その設立について，許可主義がとられていたことから，公益法人になるのは，ハードルがかなり高かった。ところで，阪神淡路大震災を機に，ボランティア活動をはじめとした民間の非営利団体による社会貢献活動の重要性が認識されるようになった。そこで，これらの団体が簡易な手続で法人格を取得できるように，平成10年（1998年）に，いわゆるNPO法とよばれる特定非営利活動促進法が制定された。

しかし，特定非営利活動促進法によって法人格を取得できる団体は，同法の「別表に掲げる活動に該当する活動であって，不特定かつ多数のものの利益の増進に寄与することを目的とするもの」を行う団体に限られていた（同法2条1項）。したがって，不特定かつ多数のものの利益の増進に寄与することを目的とする非営利団体であっても同法の別表に掲げる活動に該当する活動を行っていない団体や，同窓会のように非営利団体ではあっても，メンバー――いまの場合は同窓生――の利益の増進を目的とする団体は，依然として，法人になれなかった。

この点については，平成13年（2001年），中間法人法が制定され，これらの団体も法人格を取得できるようになった。中間法人とは，非営利ではあるが公益を目的とはしない法人を指す言葉であり，中間法人法によって，公益性の高いものから低いものまでさまざまな非営利団体が法人格を取得することが可能になった。

しかし，非営利法人として，特定非営利活動促進法人（NPO法人），中間法人，民法上の公益法人が並列している状態にあったために，一般的な非営利法人法制を築くべきであるという提言がなされるようになった。他方，行政改革の流れの中で既存の公益法人の見直しが進められたこともあって，前述したように，民法の法人の規定自体が，平成18年（2006年）に改正され，会社法をモデルとした「一般社団法人及び一般財団法人に関する法律」（以下，「一般法人法」という）が制定されるに至った（平成20年（2008年）12月に全面施行）。

平成18年の民法改正によって，主務官庁の許可制だった公益法人制度は廃止された。一般法人法は，一般社団法人，一般財団法人ともに，その設立について，準則主義を採用した。すなわち，一般社団法人を設立するには，同法に従い，定款を定め，理事を選任し，設立の登記をすればよいことになった（10条以下）。また，一般財団法人については，定款の作成のほか，財産を拠出し，評議員などを選任し，設立登記をすればよいことになった（152条以下）。しかし，従来，公益法人が享受していた税制上の優遇措置を受けるためには，「公益社団法人及び公益財団法人の認定等に関する法律」（以下「公益認定法」という）の規定により，公益認定を受けなければならなくなった。すなわち，従来，公益法人について設立時に判断されていた法人の目的の公益性は，別途，行政庁によって，公益等認定委員会などの関与のもとに認定されることとなった（公益認定4条，32条以下）。

平成18年の民法改正は，このように，法人設立の入口は広くして，ただ，公益社団法人，公益財団法人として認められようと思えば，認定を受けることが必要だという制度にしたものである。これによって，すべての非営利法人の規律は，一般法人法に委ねられることになり，民法の法人の部分は，法人の成立について準則主義を宣言した第33条，法人の能力について規定した第34条，外国法人と登記について規定した第35条から第37条だけになった。

なお，今回の改正によって，中間法人法は廃止されたが，特定非営利活動促進法は廃止されず，そのまま存続することとなった。これは，一般法人法の仕組みは会社法をモデルとしたためにかなり重たいものになっており，ボランティア活動を支援するための法人制度としては重すぎると判断されたためである。また，営利を目的とする法人は，従来どおり，会社として会社法の規律に服する。

5.3 法人の権利能力

法人は，法人格を持っているとはいうものの，社団法人であろうと，財団法人であろうと，人と違って，それ自身が行動することはできない。したがって，権利を取得したり，義務を負担したりするためには，法人以外の者に代わりに行動してもらわないといけない。したがって，そこに，代理と類似の関係が存在する。

さて，ある法人がいったい何をするためのものかについては，一般社団法人・一般財団法人にせよ，株式会社にせよ，その設立に際して作成される定款によって定まる。すなわち，法人は，その設立に際しては，定款を作成し，そこに，その法人の目的を定めておかなければならない（一般法人10条，152条，会社26条）。そして，法人は，定款で定められた目的の範囲内で活動することになる。第34条は，このことを「法人は……定款その他の基本約款で定められた目的の範囲内において，権利を有し，義務を負う」と定める。したがって，同条によれば，法人の権利能力は，この目的の範囲内に限定されることになる。法人は一定の目的を持った存在として権利能力を与えられているのだから，権利能力の範囲は，目的の範囲内に限られるというものである。

第34条の目的の範囲を，法文に忠実に，法人の権利能力の制限であると解すると，法人が目的の範囲外で行った契約は，無効となって，法人に効果が帰属する余地はない。これに対して，目的の範囲を，理事の代理権を制限した規定であると解した場合には，法人が目的の範囲外で行った契約は無権代理と同じになる。したがって，理事が目的の範囲外の行為をした場合，当該行為は常に法人への効果帰属が否定されるわけではなく，追認や表見代理の成立によって，法人への効果帰属が肯定される場合もある。ただし，現実には，追認は，誰がどのように行うのかという問題があり，また，表見代理については，法人の目的の範囲は登記事項であることから，果たして，相手方が善意無過失である場合が存在するかという問題がある。

さて，法人の権利能力は目的の範囲内に制限されるという第34条は，イギリス法に由来しており，その源となったイギリスの制度は，越権行為（ultra vires）の理論とよばれる。この理論は，19世紀なかばのイギリスにおける，法人，特に，株式会社の活動に対する警戒心に由来するものであった。

しかし，このような理論は，法人，特に，営利法人にとっては活動の障害となったので，その後，英米においては，克服された。これに対して，日本においては，判例は，理論としては，依然として，

第34条は，法人の権利能力の制限であると解しており，目的の範囲外の行為であれば，そもそも，表見代理の問題は生じないとしている。しかし，少なくとも，営利法人については，目的の範囲による権利能力の制限は，解釈によって有名無実化している（最大判昭和45年6月24日民集24巻6号625頁（八幡製鉄所事件））。また，非営利法人についても，営利法人ほどではないが，目的の範囲をかなり広くとらえる傾向にある。

5.4 法人の組織

人の場合，さまざまな意思決定を行い実行するのは，原則として，本人自身である。これに対して，法人は，頭も体も持たない観念的な存在なので，法人自身が決定・実行するというわけにはいかない。誰かが，何をするかを決定し，決定したことを法人の名の下に実行し，その行為の効果が法人に帰属するということになる。5.3でも述べたように，ここに代理と類似の関係がある。それでは，この実行・決定は，誰が，どのように行うのだろうか。この問題を理解するためには，法人には**理事会設置法人**と**理事会非設置法人**があることを理解しておく必要がある。

5.4.1 理事会設置法人と理事会非設置法人

一般法人法によると，一般社団法人においては，**理事会**を設置するか否かは，当該法人に任せられている（一般法人60条2項）。したがって，一般社団法人にあっては，理事会設置一般社団法人と理事会非設置一般社団法人がある。これに対して，一般財団法人には，理事会設置が義務付けられている（一般法人170条1項）。その理由は以下の通りである。すなわち，一般社団法人にあっては，総社員で構成される最高の意思決定機関である社員総会が存在し，理事による事業の執行が適切に行われているか否かは，社員総会の監督に服する。なお，ここで社員とは，日常，使われる意味とは異なり，法人の構成メンバーを指す。株式会社に引き直せば，株主に該当する存在である。しかし，財産の集まりである一般財団法人では，社員は存在しない。そこで，一般財団法人では，理事の事業執行をチェックするために，理事会が必置の機関とされているわけである。なお，一般財団法人にあっては，理事会に加えて，評議員会，監事も必置の機関とされている（一般法人170条1項）。

理事会設置一般社団法人および一般財団法人では，業務執行の決定は理事会の職務であり（一般法人90条2項1号，197条），代表理事だけが当該法人を代表する（一般法人77条1項，197条）。これに対して，理事会非設置一般社団法人では，理事が2人以上いるときは，原則として，理事の過半数をもって業務執行の決定を行い（一般法人76条2項），理事は，原則として，各自，一般社団法人を代表する（一般法人77条1項本文，2項）。ただし，定款，定款の定めに基づく理事の互選又は社員総会の決議によって，理事の中から代表理事を定めることもできる（一般法人77条3項）。すなわち，理事会非設置一般社団法人では，理事が2人以上いるときは，何を行うかは，理事の過半数で決定し，そこで決定された事項は，各理事が代表して行うことができる。これが原則である。

5.4.2　理事の対外的権限

5.4.1で説明したように，理事会設置一般社団法人および一般財団法人では代表理事が法人を代表し，理事会非設置一般社団法人では，原則として，各理事が，法人を代表する。いい換えれば，これら法人を代表する理事は，法人について包括的な代表権を有し（一般法人77条4項），彼らが第三者と行った行為は法人に帰属するというわけである。

いま述べたように理事は法人について包括的な代表権を有する。しかし，理事の代表権は，定款によって，制限されていることがある。たとえば，A法人の定款に「金銭の借り受けをするにあたっては，理事会の承認を受けなければならない」という定めがあった場合について考えてみよう。このとき，A法人の理事Bが理事会の承認を受けないで，Cから金銭を借り受けた場合，理事Bは無権限である以上，当該行為は法人には帰属しない。これが原則である。それでは，Bに借入れの権限があると信じて貸し付けた相手方は，泣き寝入りということになるのだろうか？ 法人に効果が帰属することはないのだろうか？

Cが「Bには権限があるだろう」と思って貸付に応じた場合には，Cが定款による理事の代表権の制限自体を知らなかった場合と，定款の制限は知っていたが理事会の承認を得ていると思った場合がある。前者は理事の包括的な権限自体に加えられた制限の問題である。この問題については，定款による制限について善意のCは，一般法人法第77条第5項によって保護される。これに対して，後者の場合は，相手方は理事の権限自体に制限が加えられていることを知っているので，同法第77条第5項によって保護することはできない。しかし，理事会の承認があったと信じた相手方は，そう信じるについて正当な理由があるときは，表見代理に関する第110条を類推適用して，保護すべきであろう（最判昭和60年11月29日民集39巻7号1760頁）。

【一般法人法第77条第5項の適用範囲】

5.4.1で述べたように，法人の事務は，理事会設置一般社団法人においては理事会が，理事会非設置一般社団法人において理事が複数いる場合には，理事の過半数で決定することになっている。この場合，代表権を有する理事が，議決を経ないで勝手に代表行為をした場合，相手方は，第77条第5項で保護されるかという問題がある。また，第77条第5項は，条文上は，代表理事の権限について規定した前項を受けた規定である。しかし，同条同項は，理事会設置一般社団法人の代表理事や理事会非設置一般社団法人における代表理事（同法77条3項）に限らず，理事が各自代表権を有する場合にも適用があると解すべきである。さらに，代表理事が選任されている理事会非設置一般社団法人において，代表権を与えられなかったヒラ理事が代表行為をした場合，相手方は，第77条第5項で保護されるかという問題もある。これらは問題の指摘にとどめたい。

5.5 法人の不法行為責任等

第709条によれば，人は，他人に損害を与えたときは，それを賠償する責任を負う。ところで，一般法人法第78条（同法197条により一般財団法人に準用）は「一般社団法人は，代表理事その他の代表者がその職務を行うについて第三者に加えた損害を賠償する責任を負う」と規定する。つまり，法人は，代表者が「その職務を行うについて」行った不法行為について，責任を負うことになる。

一般法人法第78条でもっとも重要な解釈上の論点は，「その職務を行うについて」にある。たとえ，代表者が不法行為を行っても，職務と無関係に行われたもの——たとえば，家族でドライブに行って起こした交通事故——について，法人が責任を負ういわれはない。そこで，代表者が行った不法行為が，職務とどの程度の関連性を持っていたら，法人が責任を負わなければならないかということが問題となる。一般法人法第78条が定める責任は，第715条が定める使用者責任と同じ構造を持っているので，詳細は不法行為法に譲ることにする。

ところで，一般法人法第117条（同法198条により一般財団法人に準用）は，一般社団法人は，役員等——理事，監事，会計監査人，評議員——がその職務を行うについて悪意または重大な過失があったときは，当該役員等は，これによって第三者に生じた損害を賠償する責任を負うと規定している。この規定は，株式会社の取締役をはじめとする役員に関して定められた規定（会社429条）を一般法人法に持ってきたものである。したがって，詳細は会社法に譲ることにする。

5.6　権利能力なき社団

5.2で述べたように，かつては，同窓会のように，非営利ではあるが，公益を目的としない団体は法人になることができなかった。しかし，団体について，法人ではないという理由だけで，その法律関係を完全に個々人の問題に還元して考えると，実体とそぐわなくなってしまうことがあった。そこで，判例は，「団体としての組織をそなえ，そこには多数決の原則が行われ，構成員の変更にもかかわらず団体そのものが存続し」「その組織によって代表の方法，総会の運営，財産の管理その他団体としての主要な点が確定している」団体を，権利能力なき社団とよび，法人に近づけて扱っている

(最判昭和39年10月15日民集18巻8号1671頁)。

すなわち，本来，法人であれば，その名において行為できるが，法人でなければ，その名では行為できない。しかし，権利能力なき社団にあっては，法人でないにもかかわらず，その名で行為することが認められる。訴訟についても，その名で，原告，被告になることができる（民訴29条)。また，構成員の債権者は，団体の財産に対して執行することはできず，団体財産の独立性が確保されている。さらに，構成員の有限責任も認められている。すなわち，権利能力なき社団の債権者は，団体の財産しかあてにできず，構成員の個人財産に対して執行することは認められない（最判昭和48年10月9日民集27巻9号1129頁)。このように，権利能力なき社団は法人と同じに扱われているが，法人とは異なり，その名で登記することはできない（最判昭和47年6月2日民集26巻5号957頁)。

さて，現在，一般法人法の制定により，非営利ではあるが公益を目的としない団体であっても，法人格を取得することが可能となった。そこで，法人格を取得する途が開かれた以上，権利能力なき社団の存在を認め，法人格がない団体を法人と同じに扱うのが妥当か否かという疑問が生じる。しかし，他方，5.2で述べたように一般法人法は会社法をモデルに作られたために，かなり重いものになっている。そのため，権利能力なき社団に対するニーズはなくならないとも考えられる。

第6章 時　効

6.1 時効とは何か？

時効とは，一定の事実状態が永続した場合に，この状態が真実の権利関係に合致するものか否かを問わずに，その事実状態をそのまま権利関係として認めようとする制度である。時効には，取得時効と消滅時効があるが，日本法は，両者をともに，第一編総則——取得時効は第162条以下，消滅時効は第166条以下——において規定し，同一の原理に服せしめている。

改正前民法と新法を比べて，条文が最も多く改正されたのは，時効，特に，消滅時効に関わる箇所である。時効の枠組み自体は大きな変更は受けていないが，用語が大きく変更されるとともに，条文の並べ替えが行われた。

まず，取得時効と消滅時効の具体例を挙げることにする。取得時効の例としては，たとえば，

Aは，Bから購入した甲土地の上に建物を建てて住んできた。購入に際しては，B自身ではなく，Bの代理人Cを契約相手としていた。Cは，Bの長男ではあるが，Bが海外赴任で日本にいないことをいいことに，Bに無断で甲土地をAに売却したものであり，Bの代理人でもなんでもなかった。帰国したBは，甲土地を見てびっく

りして，Aに対して，建物を収去して甲土地を自分に明け渡すよう請求した。Aは，この土地に，もう15年間住んでいる。Aは，Bに甲土地を明け渡さなければならないか？

CはBの無権代理人であり，Bは，Cの行った売買契約を追認する気はさらさらないし，表見代理も成立しなさそうである（4.4，4.5参照）。すると，AB間の甲土地の売買契約は無効なので，Aは甲土地については無権利であり，Bに対して甲土地を明け渡さないといけないように見える。しかし，この場合，第162条第2項によれば，Aが，10年間「所有の意思」をもって，「平穏かつ公然と」土地を占有し，その占有の開始の時に，善意であり，かつ，過失がなかった場合には，Aは，この土地の所有権を取得することができる。Aは，本来は，この土地について無権利であったわけであるが，一定の期間この土地を占有することによって，所有者であるような事実状態が永続した場合には，その事実状態を尊重し，Aを「所有者」として扱う。

なお，取得時効が成立するための占有の要件については，10.3で説明するが，一言だけいうと，取得時効が成立するための占有は所有の意思を持った占有――自主占有という――でなければならない。ここで気をつけなければならないのは，自主占有における「所有の意思」は占有者の内心の意思ではなく，外形的に判断されるということである。たとえば，賃借人は，いくら，「今後，自分の物として占有しよう！」と思っても，その占有は自主占有にはならない。したがって，賃借人が何年占有しようと，取得時効は完成しない。

これに対して，消滅時効の例としては，たとえば，

Ａは，友人のＢから，履行期は半年後ということで，10万円借りた。しかし，履行期を過ぎても，ＢがＡに催促しないので，そのまま，5年が経過した。ところが，5年を経過したところで，Ｂが突然，Ａに返済を迫った。この場合，Ａは，返済しなければならないか？

新第166条第1項第1号によれば，債権者が権利を行使することができる時を知った時から5年間行使しないときは，債権は消滅する。しかし，債権者であるＢは，履行期が到来し，権利を行使することができる時を知った時から，5年間Ａに催促していない。したがって，Ａは，消滅時効を主張することによって，本当は，Ｂに返済していなくても，返済義務を免れることができる。このように，ＢがＡに権利を行使していないという事実状態が永続した場合に，その事実状態を尊重し，権利の消滅を認めてしまう制度が消滅時効である。

6.2　時効の存在理由

6.1で見たように，時効は，一定の時の経過によって，本来，無権利であった者が権利者となり，義務があった者が義務を免れる結果を招来する。すると，時効は不道徳を法が認める制度かという疑問が生じる。そこで，この疑問に答えるべく，時効の存在理由が問われることになる。

時効の存在理由としては，①一定期間継続した事実状態の保護による法律関係の安定，②権利の上に眠る者は保護に値しないこと，③時間の経過による権利変動の立証の困難からの救済が挙げられる。これら3つの考えに対しては，それぞれ次のような批判がなされている。

すなわち，①の法律関係の安定は，永続した事実状態を前提として新たに法律関係が構築された場合を念頭におくとしっくりくる。たとえば，6.1 で挙げた取得時効の例では，A が，土地を D に転売している場合，D は時効によって，保護されることになる。しかし，日本法では，時効の成立について，永続した事実状態を前提として新たに法律関係が構築されたことは要求していないし，また，永続した事実状態が法律関係と一致することに対する第三者の信頼も要求されていない。

②に対しては，そもそも，権利の不行使が非難に値するのかという批判がある。また，③は，時効とは，真の権利者や弁済した債務者であっても，時の経過により，自分が権利者である，あるいは，すでに弁済したという事実を証明することの困難さから，真の権利者，弁済者を保護する制度であるという前提に立つものである。しかし，時効によって，無権利者が権利を取得し，弁済していない債務者が債務を免れるというのも事実である。そのため，③に対しては，時効によって保護されるのは，何も，真の権利者や弁済者には限られないという批判がある。

時効は，ローマ法にまで遡る古い制度であり，時代の変遷につれて，その目的も変わっていったと推測される。また，同じく時効であっても，取得時効と消滅時効では，歴史的に異なる背景を持っているとされる。さらに，同じく取得時効であっても，10 年の取得時効（162 条 2 項）と 20 年の取得時効（162 条 1 項）では機能が異なるともいわれる。そのため，現在，時効制度の存在理由は多岐にわたると説かれるのが一般的である。

【時効の法的構成について】

現在，時効の法的構成については，2つの考えが対立している。すなわち，一つは，時効は，権利を取得させたり，消滅させたりする制度，すなわち，実体法上の権利得喪原因であるとするものであり，実体法説とよばれる。他の一つは，時効は，すでに生じた権利変動の証明の困難を緩和するための制度であるとするものである。この考えによると，時効の効果は訴訟法上の法定証拠であるということになり，訴訟法説とよばれる。

前述した時効の存在理由のうち，①と②は実体法説と親和的であり，③は訴訟法説と親和的ということになる。もちろん，実体法説にあっても，本来は権利者であったり，すでに弁済をして義務を果していているにもかかわらず，時の経過により，その事実を立証できない者の保護も目的としているし，また，両説の具体的適用の結果には，ほとんど差異がない。したがって，両説の違いは，時の経過により無権利者が権利を得，義務者が義務を免れることに対する評価の違い，すなわち，時効の存在理由のとらえ方や時効観の違いという多分に理念的なものに由来するといえよう。

なお，民法は，第162条，改正前第167条（新166条）にあるように，時効の効果として，実体法上の権利の得喪が生じることを認めており，実体法説に立っていると考えられる。したがって，解釈論として，訴訟法説をとることは困難である。

6.3 時効の援用

6.3.1 援用と時効完成との関係

民法は，改正前第145条において，「時効は，当事者が援用しなければ，裁判所がこれによって裁判をすることができない」と規定する（新145条）。援用とは，時効の利益を受けることができる者が，実際に時効の利益を受けようとする行為である。たとえば，債権者から「貸した金を返せ！」と請求された債務者が「消滅時効が完成しているから，お金を返す必要はない！」と主張することである。したがって，たとえば，弁済していない者が，「確かに，消滅時効が完成しているが，払うべきものは払わなければ！」と思った場合には，時効を援用しなければよいだけである。このことを評して，梅謙次郎博士は，「紳士は時効を援用しない」といった。裁判になった場合，債務者が時効を援用していない以上，裁判官は，勝手に，時効だから債務は消滅しているという判断をすることはできない。

ところで，民法は，時効の完成によって，権利を取得し，あるいは，権利が消滅するという規定（162条，改正前167条，新166条）をおいており，これらの規定は，一見すると，第145条と矛盾しているように見える。そこで，これらを整合的に解釈しようとすると，時効制度の本質や存在理由に関する理解（6.2参照）ともからんでくるために，学説は，従来から，その解釈をめぐって分かれている。

判例・学説の多数説は，実体法説のうち，不確定効果説に立つ。すなわち，時効完成によって，権利の得喪という効果は，いまだ，確定的には生じず，援用があったときに，援用を停止条件として確定的に生じると解している（最判昭和61年3月17日民集40巻2号

420頁)。

なお，第144条は「時効の効力は，その起算日にさかのぼる」と規定している。そこで，時効が完成すると，取得時効の場合には，時効取得者は，起算日から継続して，取得した権利の権利者であったことになり，消滅時効の場合には，義務者は起算日に遡って義務がなかったことになる。

6.3.2 援用権者

改正前第145条は，時効の援用権者について，「当事者」と定めるのみである。そのために，その具体的範囲が問題となる。たとえば，債務者が消滅時効を援用できることは当然であるが，それでは，保証人は援用できるかということが問題となる。

判例は，時効の援用権者である「当事者」について，「時効によって直接に利益を受ける者」であり，間接的に利益を受ける者は「当事者」ではないと解している（大判明治43年1月25日民録16輯22頁)。判例は，現実には，援用権者の範囲を拡大しているが，拡大に際しても，時効の援用権者について「時効によって直接に利益を受ける者」という基準を維持しているので，この基準が，援用権者の範囲を画するに際して，道具概念として機能しているか否かはきわめて疑わしいといわざるをえない。また，学説においても，いまだ，援用権者の範囲を画する基準について一致を見ているわけではない。

具体的な援用権者としては，主たる債務についての保証人（大判昭和8年10月13日民集12巻2520頁)，連帯保証人（大判昭和7年6月21日民集11巻1186頁)，物上保証人（最判昭和43年9月26日民集22巻9号2002頁（前掲大判明治43年1月25日を変更)），抵当不動産の第三取得者（最判昭和48年12月14日民集27巻11号1586頁）などが挙げられる。すでに何度か出てきたが，保証人とは，債務者が弁済しない場合に，債務者にかわって弁済する義務を負う者（446条1項）であり，債務者の債務（主たる債務）が消滅すれば，それにともなって，自己の保証債務も消滅する。物上保証人とは，自己の財産――たとえば不動産――上に債務者の債務を担保するための担保権を設定した者である。物上保証人は，債務者が債務を履行しないことにより担保権が実行されれば，担保目的物の所有権を失い，逆に，債務者の債務が消滅すれば，それにともなって，担保権も消滅する。また，抵当不動産の第三取得者とは，抵当権付きの不動産を取得した者であり，物上保証人の場合と同様に，抵当権が担保している債務が消滅すれば，抵当権も消滅する（図18）。

そこで，これら判例を受けて，新第145条は，時効の援用権者を，第145条の「当事者」から「当事者（消滅時効にあっては，保証人，物上保証人，第三取得者その他権利の消滅について正当な利益を有する者を含む。）」に改めた。しかし，消滅時効の援用権者は，改正法で付け加えられた保証人等に限定されるものではなく，「権利の消滅について正当な利益を有する者」であり，いかなる者がそれに該当するかは，従来通り，解釈に委ねられている。また，取得時効にあっても，結局のところ，「権利の取得について正当な利益を有する者」は誰かという解釈問題に委ねられることになる。

なお，最近になって，判例は，後順位抵当権者による先順位抵当権の被担保債権の消滅時効の援用を否定した（最判平成11年10月21日民集53巻7号1190頁）。この判例をきちんと理解するには抵当権を理解している必要がある。したがって，ここでは判例の紹介にとどめたい。

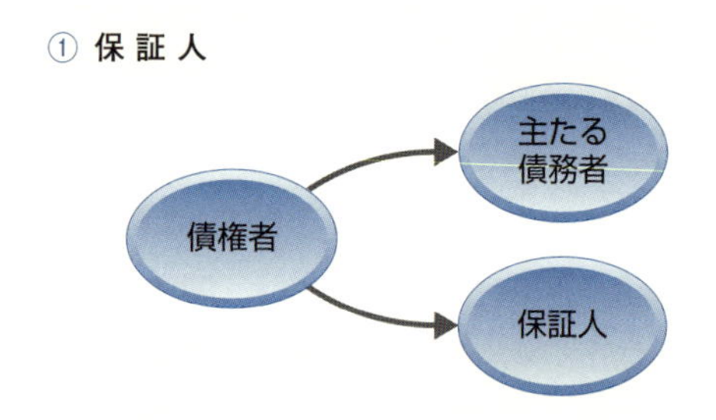

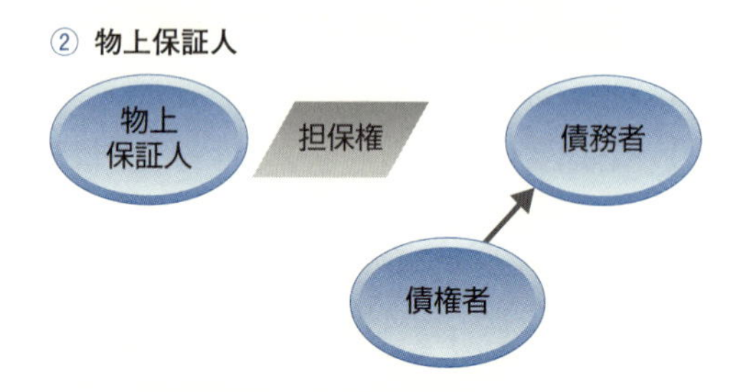

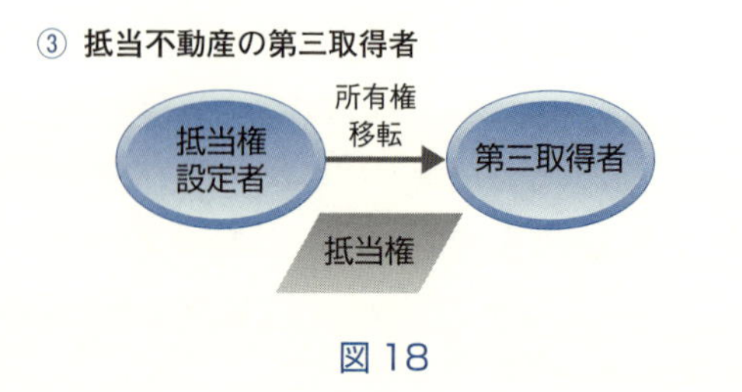

図 18

6.3.3 援用の効果

6.3.2 で述べたように，保証人は，主たる債務の時効を援用できる。保証人が，主たる債務の時効を援用すると，保証債務は消滅する。しかし，この場合，主たる債務が消滅するのは，債権者と保証人の間だけであり，主たる債務者が時効を援用していない以上，主たる債務者と債権者との間では，主たる債務は消滅しない。結果的に，債権者は，保証債務を失うだけということになる。

このように，援用の効果は相対的である。すなわち，完成した同一の時効について数人の援用権者がある場合，その一人が援用した効果は，他の援用権者に影響を及ぼさない。時効の利益は，それを受けたい者にだけ与えればよいからである。

6.4 時効の利益の放棄と援用権の喪失

6.4.1 時効の利益の放棄

時効の利益の放棄とは，時効の援用の逆の概念であり，時効の利益を受けうる者が，その利益を受けないという意思を表示することである。時効の利益を放棄すると，時効援用権を喪失することになる。第146条は，「時効の利益は，あらかじめ放棄することができない」と規定し，時効完成前にする時効の利益の放棄を禁じている。しかし，同条は時効完成後に時効の利益を放棄することは逆に禁じていないので，時効完成後の時効の利益の放棄は許される。時効の利益の放棄の効果は，時効の援用の場合（6.3.3参照）と同様に相対的である。したがって，たとえば，債務者が時効の利益を放棄しても，保証人や物上保証人は，主たる債務の時効の援用を妨げられることはない。

時効完成前の時効利益の放棄が認められない理由としては，第1に，それを認めると，時の経過が権利の得喪をもたらすという時効制度の趣旨に反するということと，第2に，交渉力において勝る債権者が，予め，債務者に強制して，時効の利益を放棄させる特約を強いるおそれがあることが挙げられる。したがって，たとえば，債務者が，債権者からお金を借りるに際して，「将来，時効が完成しても，時効は援用いたしません」という特約を結んでも，この特約は無効である。

6.4.2 援用権の喪失

6.4.1 で述べたように，時効完成後は，時効の利益を放棄することは可能である。しかし，時効利益の放棄には，放棄の意思が必要であるとすると，債務者が，時効が完成したことを知らずに，債権者に対して，「私のあなたへの借金，もう少し支払いを待ってくれませんか？ お願いします！」と依頼したことが，時効利益の放棄になるということには無理がある。すると，債務者は，このような依頼を行っても，後に，改めて，時効を援用して，時効完成の利益を受けることができると考えられないでもない。

この問題について，判例は，債務者が，時効が完成したことを知らずに，債務の承認――具体的には，「分割払いにして利息を免除してくれるなら支払う」との手紙を債権者に出していた――をした事案について，たとえ，消滅時効の完成を知らなくても，消滅時効の援用は許されないと解することが，信義則に照らして相当であると判示した（最大判昭和41年4月20日民集20巻4号702頁）。

これは，時効利益の放棄ではなく，**援用権の喪失**を認めたものである。学説は，一般に，債務者が債務の承認をした以上，債権者が弁済に対する相当な期待を持つことはもっともであることを理由に，判例を支持している。

6.5 時効の中断･停止から時効の完成猶予と更新へ

6.5.1 意義――時効の中断・停止

まず，改正前民法の下における「時効の中断」「時効の停止」について説明することにする。

時効の中断とは，時効の進行中に，改正前第147条が定めた事由が生じた場合に，すでに経過した時効期間が意味を失い，新たに時効を進行させるものである（改正前157条参照）。たとえば，XがYに対して持っている債権について，2018年11月11日に時効が完成するとする。しかし，2018年11月10日に時効中断事由が終了すると，それまで経過した時効期間はゼロ・カウントとなって，振り出しに戻ってしまう。そして，中断事由の終了した時から，新たに，時効期間が進行する（改正前157条1項）。中断後に進行する新たな時効期間は，たとえば，時効期間が10年の債権は10年という具合に，原則として，従前の時効期間と同じである。しかし，10年より短い消滅時効期間が定められている権利については，確定判決などで確定されると新たな時効期間は10年になるという例外がある（改正前174条の2第1項）。

このように時効の中断は，すでに進行した時効期間をご破算にして，新たに時効が進行する制度である。しかし，「中断」という言葉からは，単に時効の進行が止まるだけのように感じられてしまう。時効の進行が止まる制度は，「時効の停止」である。時効の停止とは，時効の完成が近づいていながら，権利者が，時効を中断することが不可能あるいは著しく困難な事情がある場合に，法律によって一定期間を限って時効の完成を延期する制度である（改正前158条～改正前161条）。

6.5.2 時効の完成猶予・更新

(1) 時効の中断との関係

改正前第147条は，時効の中断事由として，①請求，②差押え，仮差押え・仮処分，③承認を規定している。①②は権利者側の行為であるのに対して，③は時効中断により不利益を被る義務者の側からなす行為である。

さて，承認の場合は，義務者が承認した時点から新たに時効が進行する。これに対して，①②の場合は，どうだろうか。たとえば，Aが，Bに対して，貸したお金を返してくれと訴訟を起こした場合を考えてみよう。この場合，時効中断の効力が生じるのは，「中断の事由が終了した時」（改正前157第1項）である勝訴判決が確定した時からである。しかし，訴訟中に時効期間が満了しても，時効が完成することはない。これは，裁判提起から勝訴判決が確定した時までの間は，時効の進行が停止しているととらえることができるからである。

このように，改正前民法の「時効の中断」には，いま挙げた訴訟のように，時効期間の新たな進行＋新たな進行までの時効の進行の停止という二つの要素が含まれている場合がある。そこで，新法では，この二つの要素について，前者を時効の更新，後者を時効の完成猶予と命名して，制度上，明確に分けた。そこで，改正前民法下では同じ時効中断事由であるが，新法では，承認は「時効の更新」事由である（新152条）のに対して，裁判上の請求は「時効の完成猶予」事由である（新147条1項）とともに，「時効の更新」事由である（新147条2項）。

すると，現行法における「時効の停止」は，新法における「時効の完成猶予」と同じなので，「時効の停止」（改正前158条～改正前161条）に代えて「時効の完成猶予」（新158条～新161条）と呼ばれることになった。

このように，新法においては，「時効の中断」に代えて，「時効の完成猶予」「時効の更新」という用語が用いられることになり，それに伴って，時効の箇所は，条文が大きく動いている。しかし，今述べたことからわかるように，時効制度の実質については，大きな変更は加えられていない。

ところで，改正前第147条が定める時効の中断は，取得時効の要件である占有が失われて，時効の進行が当然絶たれる自然中断（164条）と区別するために，法定中断とよばれる。新法においても，第164条は，そのまま維持されている。

(2) 時効の完成猶予

ここで気を付けなければならないのは，改正前民法において時効の中断事由と定められている請求についてである。

時効中断事由としての請求は，債権者が債務者を被告として貸金返還請求訴訟を提起する場合（改正前149条）のように，原則として，裁判制度を利用したものである（改正前150条，改正前151条，改正前152条）。単に，債権者が債務者に「貸したお金を返してください。」と手紙で催促しただけでは，確定的な時効中断効は生じない。

このように裁判外で請求することは，改正前第153条の催告にあたる。催告にあっては，催告後，6箇月以内に同条に掲げられている方法によって時効の中断をしなければ，時効の中断効は生じない。催告は，たとえば，時効の完成が間近に迫っており，訴訟の提起が間に合わない場合に，とりあえず催告しておいて，訴訟の準備期間をかせぐ場合に用いられる。すなわち，催告は，時効の進行を止める制度である。そこで，新法においては，催告は，時効の完成猶予事由となる（新150条）。なお，新第150条第2項にあるように，催告を繰り返すことによって，6か月ごとに時効の完成が延びるということはない。改正前民法下における扱いを明文化したものである。

また，時効の完成猶予事由として，新法で新たに**協議を行う旨の合意**（新151条）が加えられた。

【裁判上の催告】

いま，債権者が債務者に対して貸金返還請求訴訟を提起した場合を思い浮かべてほしい。改正前第149条は，「裁判上の請求は，訴えの却下又は取下げの場合には，時効の中断の効力を生じない」と規定している。すると，訴訟が継続している間に時効期間が満了したら，後で，訴えが却下されると，時効が完成してしまうのかという疑問が生じる。そこで，改正前民法下では，裁判上の催告といって，却下があるまでは，債権者は，債務者に対して，連続的に催告を行っているとみている。したがって，今の場合は，却下されて6か月以内に改正前第153条の定める手段を取れば，時効は中断されることになる（最大判昭和38年10月30日民集17巻9号1252頁）。

新法では，この裁判上の催告の制度を明文で認めた。新第147条第1項柱書にある「（確定判決又は確定判決と同一の効力を有するものによって権利が確定することなくその事由が終了した場合にあっては，その満了の時から6箇月を経過する）までの間は，時効は，完成しない」である。

【協議を行う旨の合意】

たとえば，債権者が債務者に対して，「貸した金を返せ！」と請求したところ，債務者は，「そんな金は借りていない！」とか「返したはずだ！」と言う。しかし，それまでの付き合いもあり，両者は，それで決裂することなく，解決に向けた話し合いを続けている。そんな中，突然，債務者が「いや，昨日で時効期間は満了したので，私は，もう払いません！」と言って席をたったら，それは，あんまりである。債権者は，こんなことになるのなら，最初から訴訟を起こしておけばよかったと思うだろう。

そこで，このようなときのために新たに設けられたのが「協議を行う旨の合意による時効の完成猶予」（新151条）である。これは，「権利についての協議を行う旨の合意が書面でされたときは」，①協議期間が予定されたときは，その期間の満了まで，②予定されていないときは，合意から1年経過するまで，③交渉が決裂して，一方が相手方に対して，協議の続行を拒絶する旨の通知を書面でしたときは，その通知から6か月を経過するまでは，時効の完成を猶予する制度である。

なお，催告とは異なり，協議を行う旨の合意による時効の完成猶予では，時効の完成が猶予されている間に再度の合意の同意がなされた場合は，時効の完成猶予の効力が生ずる（新151条2項）。

6.5.3　時効の中断，時効の更新・時効の完成猶予の効力を生じる範囲

改正前第148条は，時効の中断は，中断事由の生じた当事者間およびその承継人（当事者から時効の効果を受ける権利または義務を承継した者）の間においてのみ効力を生じると規定する。新第153条も，時効の更新・時効の完成猶予について，同様の規定をおく。

【改正前第148条（新第153条）の意味】

改正前第148条の意味を，文字通り，時効中断の効力が生じる人

的範囲であると解すると，当事者の間で生じた時効中断の効力は，当事者とその承継人の間でだけ生じることになる。すると，時効の援用権者が複数いる場合には，援用権者すべてに対して，中断措置を講じなければならないということになる。たとえば，物上保証人は，債務者の承認により被担保債権の消滅時効が中断しても，自分との関係では中断していないとして，被担保債権の消滅時効を援用できることになる。しかし，判例は，この場合に時効の援用を認めるのは担保権の付従性に反するとして，援用を否定している（最判平成7年3月10日判時1525号59頁）。

そこで，最近では，改正前第148条は，時効が完成している権利関係の当事者が複数いる場合，中断行為に関与した当事者間で進行していた時効だけが中断することを定めた規定であり，当事者間で生じた時効中断の効力は誰との間でも生じたと扱われるとの考えが主張されている。

たとえば，AとBが共有する土地をCが占有しているとき，AだけがCに対して土地明渡請求訴訟を提起した場合には，Aの時効中断効はAの持分についてだけ生じることになる。また，債権者が保証債務の履行を求めて保証人を訴えて保証債務の消滅時効が中断しても，主たる債務の消滅時効は中断しない。なお，第457条第1項は，改正前第148条の例外として，主たる債務者に対する時効の中断は，保証人に対しても，その効力を生じると規定する。同条同項が意味するところは，債務者との間で主たる債務の時効を中断すると，主たる債務とは別個の債務である保証債務の時効も中断するということである。同条同項が存在しなくても，債権者は，保証人に対して，主たる債務の時効中断を主張できる。そして，この考えによれば，前述した最判平成7年3月10日において物上保証人が被担保債権の時効を援用できないのは，物上保証人にも，時効中断効は及ぶためということになる。

6.6 取得時効

取得時効とは，真実の権利関係を問うことなく，ある者が，所有権その他の財産権を一定期間支配し続けたという事実状態を基礎として，その者による権利取得を認める制度である。取得時効は，所有権以外の財産権も対象とする（163条）が，その対象としては，所有権が一般的であるので，本書では，所有権の取得時効だけを扱う。

第162条第1項は，20年間，所有の意思（6.1参照）をもって，「平穏」「公然」と「他人の物」を占有した者は，その所有権を取得すると規定し，第2項は，占有の開始時において，「善意・無過失」である場合には，10年間の占有で，所有権を取得すると規定する。すなわち，民法は，所有権の取得時効について，20年の長期取得時効と10年の短期取得時効を定めている。所有権は消滅時効にかからないが，所有権の取得時効が成立すると，その反射的効果として，元の所有者は所有権を失うことになる。

取得時効の要件である占有については，第10章で説明するので，この節は，第10章とあわせて読んでほしいが，一言だけいうと，善意・無過失とは，単に，他人の所有物であることを知らないだけではなく，自分に所有権があると信じ，かつ，そのように信じることについて過失がないことをいう。

なお，動産（詳しくは7.2.1参照）については，取引行為によって，平穏かつ公然と占有を開始し，占有の開始時において善意・無過失であれば，「即時にその動産について行使する権利を取得する」という即時取得制度（192条）があり，動産の取引の安全を保護している。したがって，10年の短期取得時効は，動産の即時取得に対応する形で，不動産取引の安全を保護する機能を果たしている。これに対して，20年の長期取得時効は，そもそもいかなる権利関係だったかわからなくなっている場合に，長期間継続している事実状態を尊重し，権利関係を確定する機能を果たしているといえよう。

6.7 消滅時効

消滅時効とは，権利の不行使が一定期間継続することで，債権および債権または所有権以外の財産権の消滅を認める制度である（改正前167条，新166条参照）。以下に説明するように，新法では，債権の消滅時効について，消滅時効期間および起算点について大きな変更が加えられた。しかし，債権または所有権以外の財産権については，改正は加えられておらず，新法下においても，次に述べる客観的起算点から20年である（改正前167条2項，新法166条2項）。

6.7.1 消滅時効の起算点

改正前民法においては，消滅時効の起算点は，**客観的起算点**——「権利を行使することができる時」（改正前166条1項）——一本である。これに対して，新法では，債権の消滅時効の起算点は，客観的起算点（新166条1項2号）と**主観的起算点**——「債権者が権利を行使することができることを知った時」（新166条1項1号）——の二本立てとなった。

(1) 客観的起算点——権利を行使することができる時

客観的起算点である「権利を行使することができる時」（改正前166条1項，新166条1項2号）の「できる」とは，原則として，権利行使について法律上の障害がないことを指す。たとえば，弁済期を定めた場合には，弁済期前は権利を行使することはできない。これは，弁済期前という法律上の障害があるからである。これに対して，弁済期に，債権者が病気だったり，アフリカの奥地に探検旅行に行っていたりという具合に，法律上の障害はないが，事実上，権利行使ができない場合がある。しかし，事実上の障害があっても，消滅時効の進行を止めることはできず，法律上の障害がなくなった時から，消滅時効期間はスタートする。また，宝くじに当選したことに気づかなかった場合のように，権利者が権利の存在自体を知らなかったり，あるいは，権利を行使できる時期が到来したことを知らなかったという事情も，事実上の障害にすぎず，消滅時効の進行を止めることはできない（大判昭和12年9月17日民集16巻1435頁）。

① 確定期限付き債権　確定期限付き債権（3.7.2参照）では，期限到来の時から消滅時効が進行することはいうまでもないことである。

ところで，2011年4月1日のように一定の期日を確定期限と定めた場合には，消滅時効期間は，4月1日から起算するのか，それとも，翌日の2日から起算するのかという問題がある。一定の期日を弁済期と定めた場合には，債権者は，その日の取引時間の開始時刻から権利を行使でき，この時刻は，普通，午前0時より後である。したがって，初日不算入を定めた第140条の趣旨を尊重して，消滅時効期間は翌日から起算すべきである。

② 不確定期限付き債権　不確定期限付き債権であっても，期限到来の時から消滅時効は進行する。この場合，債権者の期限到来の知・不知とは無関係である。

③ 期限の定めのない債権　期限の定めのない債権は，債権者は，いつでも請求できるので，消滅時効の起算点は債権発生の時である。

(2) 主観的起算点――権利を行使することができることを知った時

前述したように，債権の消滅時効について，新法において，新たに規定された起算点である（新166条1項1号）。

「権利を行使することができることを知った時」とは，具体的に，いつを指すのだろうか。たとえば，売買契約において，売買代金の支払時期が定められているときには，「権利を行使することができることを知った時」は，契約において定められている支払時期である。これが原則であろう。

しかし，たとえば，買主が売主に伝えた住所も名前もでたらめで，買主がどこの誰なのか売主は皆目見当がつかないという場合には，「権利を行使することができることを知った時」とは，いつのことを指すのだろうか。「権利を行使することができることを知った時」とは，抽象的には，権利行使が期待可能な程度に権利の発生および履行期の到来その他権利行使にとっての障害がなくなったことを債権者が知った時を意味するとされる。したがって，今の例では，売主が，買主は，どこの誰かを知った時ということになろう。

【改正前第166条第2項，新第166条第3項】

たとえば，Aが，Bとの間で，Bが結婚したら，お祝いとして，その所有に係るマンションを贈与するという契約を締結したとする。この契約は停止条件付きの契約であり，したがって，条件成就――Bの結婚――までは，BはAに対して権利の行使ができない。ところが，このマンションにはCという占有者がおり，Cのために，その占有の開始時から取得時効が進行している。すると，Bとしては，条件が成就した時には，このマンションについてCのために取得時効が完成し，結局，マンションをもらえないという事態に陥るかもしれない。そこで，改正前第166条第2項（新166条3項）

によれば，Bは，自分の権利を保全するために，Cの取得時効の完成を阻止するために，いつでも，占有者であるCの「承認」を求めることができる。

6.7.2 消滅時効期間

新法では，債権の消滅時効期間についても，以下のような大きな変更が加えられている。

(1) 主観的起算点の導入に伴う改正

6.7.1で述べたように，改正前民法下では，債権についての消滅時効期間は，客観的起算点から，原則として10年である（改正前167条1項，新166条1項2号）。新法は，これに加えて，主観的起算点から5年（新166条1項1号）という消滅時効期間を定めた。

また，改正前民法下においては，商行為によって生じた債権については，客観的起算点から5年の消滅時効期間が定められていた（商522条）が，新法では，この商事時効に関する規定は削除された。削除された理由は，たとえば，同じく貸付債権であっても，債権者が銀行である場合は商事時効が適用されるのに対して，農業協同組合や信用金庫である場合には民事時効が適用されるという具合に，時効期間が異なることを合理的に説明することができない場合があることや，商事時効，民事時効どちらの適用があるのか不分明な債権が少なからず存在していることにある。

なお，10年より短い消滅時効期間が定められている債権であっても，6.5.1で述べたように，確定判決によって確定されたときは，その後の時効期間は10年に延長される（改正前174条の2第1項，新169条1項)。

(2) 各種の短期消滅時効の廃止

改正前民法下では，債権の消滅時効期間については多くの例外がある。すなわち，第170条から第174条に債権の種類に応じて，1年から3年までの短期消滅時効期間が定められていた。たとえば，ハウツーものの法律書で，「飲み屋の借金は1年まで」といわれるのは，第174条第4号のことである。第174条第4号が定める債権は，一般的にいって，日常的に発生する債権であり，金額もそんなに大きくないために，領収書等の保存もおろそかになりがちである。そこで，二重払いの危険も大きいので，比較的短期に法律関係を確定すべく，短期消滅時効期間が定められたものである。

これに対して，今日においては，たとえば，医師の診療報酬債権は3年（改正前170条1号)，弁護士の報酬債権は2年（改正前172条1号）のように消滅時効期間を短期にしただけではなく，異なる期間にした合理的理由が見出せないものもある。そこで，新法においては，改正前民法にあった第170条から174条までの短期消滅時効を廃止した。したがって，新法においては，債権の消滅時効期間は，原則として，第166条1項が定めるように，主観的起算点から5年，客観的起算点から10年に統一された（(3) 参照)。

(3) 人の生命または身体の侵害による損害賠償請求権

人の生命・身体は，とても大事なものであり，保護する必要性が高い。そこで，新法では，その侵害による損害賠償請求権の消滅時効期間について特則を設け，長期化を図った。ところで，詳しいことは，債権法で学んでほしいが，一口に損害賠償請求権と言っても，それには，不法行為（709条）に基づくものと，債務不履行（415条）

に基づくものがある。同じ生命・身体の侵害による損害賠償請求権であるのに，不法行為に基づくか，債務不履行に基づくかによって消滅時効期間が異なるのは妥当ではない。そのため，新法では，以下に述べるように，不法行為による損害賠償請求権の消滅時効期間にも改正を加え，両者の統一を図った。

まず，新167条は，人の生命・身体の侵害による損害賠償請求権の客観的起算点からの消滅時効期間を10年から20年に延長した。これは，従来から，不法行為に基づく損害賠償請求権は，客観的起算点である不法行為の時から20年経過した時は消滅するとの規定（改正前724条，新724条2号）に合わせたものである。他方，改正前民法では，不法行為に基づく損害賠償請求権は，主観的起算点である「被害者又はその法定代理人が損害及び加害者を知った時」から3年とされている（改正前724条）。しかし，新法では，（2）で述べたように，債権の主観的起算点からの消滅時効期間は5年とされた。そこで，両者の消滅時効期間を合わせるべく，新第724条の2が新設され，人の生命・身体を侵害する不法行為による損害賠償請求権の主観的起算点からの消滅時効期間は，5年に延長された。

以上，まとめると，新法では，不法行為，債務不履行いずれに基づくものであっても，人の生命・身体の侵害による損害賠償請求権の消滅時効期間は，客観的起算点から20年，主観的起算点から5年に統一された。

【除斥期間――消滅時効と似て非なる制度】

除斥期間とは，起草者によると，権利が特に速やかに行使されることを目的として，権利の行使期間に制限を加えたものである。消滅時効との違いとして，①中断（6.5参照）のない固定的期間であること，②除斥期間が経過すると権利は当然に消滅し，当事者が援用しなくても，裁判所は，これに基づいて裁判しなければならないこと（6.3参照）が挙げられている。ただし，停止については，停止を認めないと権利行使がきわめて困難なうちに権利を消滅させることになるので，停止の規定だけは類推適用すべきであるとの考えが有力である（最判平成10年6月12日民集52巻4号1087頁参照）。

しかし，民法においては，除斥期間に関する規定はおかれておらず，その要件・効果などは，すべて解釈に委ねられている。そのために，民法に定められている権利主張の時間的制限のうち，いずれが除斥期間であるのかは判然としない。具体的には，一つの権利について長期と短期の期間制限が定められている場合（126条，改正前724条，884条など）の長期の期間が除斥期間と解されることが多い。

しかし，判例が20年の期間（改正前724条）を除斥期間と解する不法行為に基づく損害賠償請求権を例にとって考えてみよう（最判平成元年12月21日民集43巻12号2209頁）。不法行為に基づく損害賠償請求権は，いわずもがなではあるが，被害者が加害者から賠償金を支払ってもらって，はじめて，満足が得られる。すると，20年を除斥期間と解したとしても，被害者が不法行為の時から20年以内に損害賠償請求すれば，20年以内に加害者から満足を得られなくても，権利は存続すると解されている。すなわち，除斥期間内に損害賠償請求をすれば，権利は除斥期間を超えて存続するので，20年を除斥期間と解しても，権利関係の速やかな確定を目的とする除斥期間の意味はなくなるといわざるをえない。結局，除斥期間か否かは，権利の性質や規定の趣旨に照らして実質的に判断しなければならないということである。

なお，新法では，今，述べた不法行為に基づく損害賠償請求権の20年については，明文をもって，消滅時効期間と規定された（新724条柱書）。

第7章 私権の客体——物

7.1 「物」とは何か？

総則編は，第二章および第三章において，権利の主体である人および法人について規定し，それに続いて，第四章では，権利の客体である「物」について規定している。第四章の冒頭の規定である第85条は，「この法律において「物」とは，有体物をいう」と規定している。有体物とは無体物に対する概念で，外界の一部を占めるもの，すなわち，液体・気体・固体のことを指す。したがって，第85条によれば情報や電気は，「物」ではないということになる。

さて，第85条が総則編におかれていることから，一見すると，権利の客体は「物」に限られるように見える。しかし，物は権利の客体たりうるが，権利の客体は物に限られない。まず，民法典自体に，物以外が権利の客体になることを認めた規定がある。たとえば，第362条では，財産権を客体とする質権である権利質が認められており，また，第369条第2項では，地上権・永小作権という権利も，抵当権の客体とすることが認められている。さらに，特許権・著作権のような知的財産権にあっては，発明者・創作者の知的活動の産物である情報が客体となっている。

7.2 物の区分

物の区分でもっとも重要なのは，不動産・動産であるが，その他に主物・従物，元物（がんぶつ）・果実がある。

7.2.1 不動産・動産

「物」は，まず，第1に，不動産と動産に分けられる。その区別の理由は，移動させることができるか否かにある。不動産は移動させられないのに対して，動産は移動させることができる。そこから，両者の法的処遇――そのうちでもっとも重要なのは，物権変動のシステム（第11章）――が異なってくる。

第86条によれば，物のうち，「土地およびその定着物」が不動産であり，それ以外は動産ということになる。定着物とは，通常は，土地に固定的に付着して容易に移動しえないものであって，取引観念上，継続的に土地に付着して利用されると認められるものといわれる。定着物のうち，もっとも重要なのは建物であり，建物は，常に，土地とは別個の不動産であるとされる。このように土地と建物は，別個の不動産とされるわけであるが，これは，比較法的には，必ずしも，一般的な法制ではなく，日本の不動産法の大きな特色をなす。しかし，日本法には，この点を直接に規定する条文はなく，抵当権に関する第370条が間接的に規定しているにとどまる。

【土地と別個の不動産と土地の一部とされる不動産】

第86条第1項が定めているのは，土地の定着物は不動産とされるということだけである。したがって，ある物が定着物として不動産とされたとしても，果して，α 土地の一部をなし，その土地の権利変動が当然その物に及ぶのか，それとも，β 土地とは別個の不動産とされ，土地についての権利変動は及ばないのかという問題が生ずる。原則は α であるが，例外が2つある。

第1に，前述したように，建物は，常に，土地とは別個の不動産であるとされるので，土地についての権利変動は建物には及ばない。また，立木法による立木登記をした立木――「りゅうぼく」と読む――も，建物と同様に，土地とは別個の不動産とされる。

第2に，立木法の適用を受けない樹木にあっては，原則は，土地の一部をなすので，土地とその法的運命をともにするが，独立の取引の対象とすることもできる。しかし，この場合には，樹木の取得者は，明認方法を施さないと，その所有権を第三者に対抗できない。明認方法は，具体的には，木の幹を削って取得者の名前を書いたり，取得者の名前を書いた立て札を立てることによって行われる。

7.2.2 主物・従物

物の処分に関わる概念である。物の所有者がその物の常用に供するためにこれに付属させた，自己の所有に属する他の物を従物という（87条1項）。たとえば，家屋が主物，畳・建具が従物になる。そして，第87条第2項によれば，主物を処分すると，従物も主物の処分に従うので，従物も処分されることになる。従物は主物と法的運命をともにするというわけである。たとえば，家を売れば，畳・建具も付いていくということである。通常は，このようなことは売買契約の当事者で決めておくのが普通であるが，このような取決めがないときに，第87条第2項は働く。たしかに，畳・建具は建物とは別個の物である。しかし，主物である建物の経済的効用を増すために継続的に付属させた物については，取引当事者の意思を推測してこのように定めたわけである。したがって，たとえば，「建物は売るけれども，畳・建具は売らない」という具合に，特別な意思表示をすれば，この限りではない。

7.2.3　元物・果実

物の用法に従って収取する産出物を天然果実という（88条1項）。天然果実とは，農作物や鉱区から採掘される鉱物などである。これに対して，物の使用の対価として受けるべき金銭その他の物を法定果実という（88条2項）。アパートの家賃などである。天然果実・法定果実をあわせて果実といい，果実を生ずる物を元物という。

第89条は，果実の帰属について定めている。

まず，天然果実については，元物から分離する時点において収取する権利を持っている者に帰属する（1項）。天然果実を生育した者が誰かを問わず，分離の時に収取権を有する者に果実の所有権を帰属させているわけである。たとえば，妊娠した馬を買った場合には，生まれた子馬は買主の物となる。

これに対して，法定果実については，収取する権利が存続する期間に応じて日割計算する（2項）。法定果実は，天然果実とは異なり，元物が使用されている間は不断に発生するため，分離という一時点をもって帰属を決するわけにはいかないからである。たとえば，賃貸中のアパートが売却された場合には，所有権の移転日を境にして，日割り計算で，賃料を旧所有者と新所有者が収取することになる。ただし，これは，旧所有者と新所有者間での賃料の分配の問題であり，賃借人は，支払時期に果実収取権を有している者，すなわち，新所有者に全額支払えばよい。

Ⅱ

物権法総論

第8章　物権とは何か？

8.1　物権と債権

第7章で見たように，「物」は権利の客体である。そして，権利といわれた場合，一番に頭に浮かぶのは所有権だと思う。たとえば，「これは私の物です」という具合に。

さて，民法の目次を見てみよう。民法は，所有権について，第二編物権中，第三章に定めており，所有権は，物権という権利の一種であることがわかる。そして，民法は，第二編物権に続いて，第三編では債権について規定している。このように，日本法は，その編別からもわかるように，財産を債権，物権の2つに分類している。

では，「物権」とは何か？「債権」は，ある特定の人に対してある特定のことの履行を求めることができる権利，すなわち，人に対する権利である。これに対して，所有権に代表される物権は，物自体に対する権利であり，その行使に際しては，他者の行為を媒介とする必要がない。なぜ，物権が必要かについては，一言でいえば，次のようになろうか。すなわち，世の中の限りある財貨については取り合いが起こる。そこで，誰にその財貨が帰属するかを定めて，取り合いが起こらないようにするためである。

ところで，第7章で見たように，権利の客体は，「物」に限られるものではない。したがって，第85条は，総則編におかれてはいるが，権利一般ではなく，所有権に代表される物権の客体について定めた規定と解すべきである。

さて，物権の客体は，債権とは異なり，特定していなければならない。たとえば，「これは私の物だ」というためには，どれが私の物かが決まっていなければならない。私が，酒屋に電話して「『エビス・ビール』を1ダース配達してください！」と言い，それに対して，酒屋が「わかりました！」と答えたとしよう。それによって，エビス・ビール1ダースの売買契約は成立し，買主である私は，売主である酒屋に対して，「エビス・ビール1ダースを引き渡せ！」という債権を取得する。この段階では，私は，酒屋に対して，エビス・ビール1ダースの引渡しは請求できるが，酒屋の倉庫に積んであるエビス・ビールについて，いまだ，所有権は取得していない。所有権を取得できるのは，どの1ダースが私の物かが決まって（特定）からである。なお，ビールのように同種の物が沢山ある場合に，どのようにして特定するかについては，第401条第2項が定めている。

8.2 物権の種類

それでは，第二編「物権」を，もう少し，詳しく見てみよう。第二編は，全部で10章からなっている。第一章は「総則」であり，第二章以下では，「占有権」「所有権」「地上権」「永小作権」――「えいこさくけん」と読む――「地役権」――「ちえきけん」と読む――「留置権」「先取特権」――「さきどりとっけん」と読む――「質権」「抵当権」という具合に，物権の種類ごとに規定されている。

物権の典型が所有権であることは，直感的にわかると思う。第

206条が「所有者は，法令の制限内において，自由にその所有物の使用，収益及び処分をする権利を有する」と定めているように，所有権は，物の全面的な支配権であって，物を使用収益することができ，また，その処分を通じて交換価値をも把握している。そして，民法は，この所有権の持つ全面的支配権の一部を内容とする物権を認めている。これを制限物権という。すなわち，

他人の所有する土地の利用に関する物権（用益物権）として

地上権（第265〜第269条の2）

永小作権（第270〜第279条）

地役権（第280〜第293条）

債権を担保する物権（担保物権）として

留置権（第295〜第302条）

先取特権（第303〜第341条）

質権（第342〜第366条）

抵当権（第369〜第398条の22）

を規定している。

ところで，上の表には，占有権が含まれていない。というのは，占有権は，他の物権とは異質なものであるからである。他の物権が本権とよばれ，当該物権を有する者に，積極的にある内容の権利を与えるものであるのに対して，占有権にあっては，占有——とりあえず，所持と理解しておいてもらいたい——をしているという事実状態に対して一定の保護が与えられるにすぎないからである。本書では，第二編物権のうち，主に，第一章総則，第三章所有権，第二章占有権を扱うことにする。物権について議論する場合，普通，その典型である所有権を念頭において議論するのが普通である。そこで，第一章総則を説明するにあたっては，所有権を念頭におくことにする。

8.3 物権法定主義

民法は，第175条において，物権は，民法その他の法律で定めたもの以外は，当事者が，合意によって，創設することはできないと定めている。これを，物権法定主義という。物権法定主義は，2つのことを意味している。すなわち，一つは，条文の文言通り，新しい物権の創設は許されないという意味であり，もう一つは，すでにある物権について法律で定める以外の内容を与えてはいけないという意味である。債権については，その種類，内容について，公序良俗や強行規定に反しない限り，当事者が自由に定められるというのと際立った対照を見せる（3.3参照）。したがって，物権の内容，種類に関する規定は強行規定ということになる。

物権法定主義が採用されているのには，歴史的な理由と実際上の理由がある。

まず，歴史的な理由について述べることにする。所有権とは，第206条にあるように，目的物を自ら使ってもよいし（使用），他人に使わせて対価を得てもよいし（収益），はたまた，売却して対価を得てもよい（処分）権利である。要に，法令による制限はあるものの，目的物を煮て食おうと焼いて食おうと，他人にとやかくいわれることのない権利である。このような権利が成立するためには，一つの目的物には一つの所有権（一物一権主義）ということが必要である。しかし，かつて，近代以前にあっては，ヨーロッパでも日本でも，そうではなかった。高校の世界史や日本史の授業で，封建時代について学んだと思う。封建時代においては，領主Aの上に，領主B，さらには，その上に領主Cという具合に，一つの土地に複数の権利が層をなして存在し，上級の権利は下級の権利を制約していた。そこで，第206条にあるような近代的な所有権を確立するためには，このような封建社会における複雑な権利を整理する必要があった。そこで，物権法定主義によって，所有権の自由を不当に制約するような封建的，非合理な負担を廃止する必要があった。

もう一つの実際上の理由とは，物権の絶対性に関する。物に対する権利である物権は，人に対する権利である債権とは異なり，誰に対しても主張できる。すると，物権も，債権と同様に，どんな内容のものでも当事者間で自由に作ることができるということになると困ったことが起こる。たとえば，AがBから土地を購入したところ，Cから，見たことも聞いたこともない物権を主張されるということが起こる。そこで，物権は，債権とは異なり，当事者間で，勝手に，どんな内容のものでも作れるとするわけにはいかない。また，物権は誰に対しても主張できるので，取引の安全を図るためには，誰がどんな物権を持っているかが，第三者にわかるように公示されないといけない。そこで，公示を可能にするためにも，物権の種類を制限し，また，それぞれの物権の内容を法定しておく必要がある。

【物権法定主義の例外】

物権法定主義については2つの問題がある。一つは，民法制定前から存在した慣行的な物権をどうするか，もう一つは，民法の欠陥を埋めあるいは経済社会の変遷にともなって生じた権利をどうするかである。

まず，前者については，民法施行法第35条が，「慣習上物権ト認メタル権利ニシテ民法施行前ニ発生シタルモノト雖モ（いえども）其（その）施行ノ後ハ民法其他ノ法律ニ定ムルモノニ非サレハ（あらざれば）物権タル効力ヲ有セス」と定めて明確に否定している。しかし，判例は，いくつかの物権を慣習上の物権として認めている。

有名なのは，温泉利用権（「湯口権」という温泉を引く権利）を認めた大判昭和15年9月18日民集19巻1611頁の浅間温泉事件である。また，後者については，譲渡担保がある。なお，譲渡担保については，担保物権のところで学んでほしい。

【一物一権主義】

一物一権主義は，前述したように，①一つの物の上には一つの所有権しか成立しないという意味で用いられる場合と，②一つの所有権の客体は一つの物であるという意味に用いられる場合がある。

①の意味での一物一権主義は，物権一般に広げると，一つの物の上には，同じ内容の物権は一つしか成立できないということを意味する。これは，前述したように，物権は，債権とは異なり，物に対する直接的な権利であることに由来するものであり，物権の排他性をいい換えたものである。これに対して，債権には排他性がない。そこで，同じ債務者に対して，同じ内容の債権は複数成立しうる。たとえば，俳優Aが，同じ日，同じ時刻に，B劇場に出演する契約と，C劇場に出演する契約を結んだ場合には，Aは，B劇場に対しても，C劇場に対しても，出演する債務を負うことになる。もちろん，体は一つしかないので，Aは，B劇場，C劇場のどちらかにしか出演できない。出演してもらえなかった劇場は，Aに対して，損害賠償請求ができるだけである。しかし，なぜ，損害賠償請求ができるかというと，それは，Aが，当該劇場に対して，債務を負っているからである。

これに対して，②の意味での一物一権主義は，物の一部あるいは数個の物の集合の上には，一つの所有権は成立しないことを意味する。しかし，このような意味での一物一権主義が認められるのは，物権の対象である物の単位を明確にすることによって，取引の安全や円滑化を図るためである。したがって，たとえば，数個の物であっても，それを一つの物として扱ったほうが，取引の安全や円滑化に資する場合には，数個の物の上に一つの所有権が成立するとされる。その例として，集合動産譲渡担保や財団抵当を挙げることができるが，それらについては，担保物権のところで学んでほしい。

第9章 所有権

9.1 所有権の内容

8.2で述べたように，所有権とはある特定の物を全面的に支配する権利ではある（206条）が，文字通り，煮て食おうと焼いて食おうと，所有者の自由というわけにはいかない。所有権は，憲法第29条第2項，民法第1条第1項により公共の福祉によって限界を画されており，また，第206条は，その自由に対して，「法令の制限内」という限定を付している。さらに，所有権の行使は，1.6で述べた権利濫用法理（1条3項）によって制限されることもある。権利濫用法理の適用された古典的事例としては，1.6で説明した宇奈月温泉事件（大判昭和10年10月5日民集14巻1965頁）がある。

9.2 土地所有権の内容と制限

現在，所有権のうち，法令上の制限がもっとも多いのは，土地の所有権である。というのは，土地は，人間の社会生活に不可欠であるにもかかわらず，有限の資産であり，連続しているという性質を持っている。そのために，ひとりひとりの勝手な利用を許していると，人々の生活に悪影響を及ぼすおそれがあるからである。

たとえば，都市計画法は，都市の健全な発展と秩序ある整備を図るために，各地で都市計画を定めることにしている。そこで，ある土地が，都市計画区域に指定され，第一種低層住居専用地域——不動産広告で見たことがあると思うが，「第一種低住専」と略される——とされると，その土地の所有者は，その土地上に住宅しか建築できなくなり（都市計画法5条1項，8条1項1号，9条1項，建築基準法48条1項）——工場や店舗は建ててはいけないということ——，さらに，住宅であっても，一定の容積率，建ぺい率の建物しか建てられなくなる（建築基準法52条1項1号，53条1項1号，55条）。ここで，容積率というのは，建物延べ面積が敷地面積に占める割合をいい，建ぺい率とは，建物の建築面積の敷地面積に占める割合をいう。たとえば，建ぺい率が50パーセントとすると，土地が200平方メートルあっても，100平方メートルにしか建物を建築できない。

これはほんの一例であり，現在，土地所有権は，地域開発，環境保護，災害防止等，さまざまな目的のために，公法上の規制を受けている。しかし，公法上の規制については，これくらいにして，以下では，土地所有権に関する民法の規定を見ることにする。

9.2.1　土地所有権が及ぶ範囲

第207条によると，土地の所有権は，当該土地の表面だけではなく，その上下に及ぶ。したがって，他人の土地の上に送電線を通したり，地下に地下鉄を通したりするときは，当該土地所有者の同意を必要とする（269条の2参照）。しかし，所有権とは，客体である物の支配権である以上，当該客体を支配することによる何がしかの利益に裏打ちされていなければならない。したがって，土地の所有権が，その土地の上下に及ぶといっても，無限というわけではなく，相当な範囲，すなわち，その土地を支配する利益の存する限度に限られる。たとえば，自分の土地上を通過する人工衛星に対して，「所有権侵害だ！」というわけにはいかない。

【大深度地下に土地所有権は及ぶのか？】

大深度地下というのは，地上の建築物を支える支持基盤より下の地下40メートル以下の地下を指すところ，バブル経済花盛りで地価が高騰した昭和62,3年（1987，8年）頃から，大都市におけるその利用を高めようとする構想が政府部内で進められてきた。

その結果，平成12年（2000年）に「大深度地下の公共的使用に関する特別措置法」ができた。同法によれば，認可を受けた事業者は，地下鉄敷設等の公共目的のために，土地所有者の同意を得ずに，大深度の地下空間を利用できる。しかし，いくら，土地の所有権は，土地の表面だけではなく，その上下に及ぶからといって，地球の真ん中まで所有権が及んでいるという主張は現実的ではない一方，高度な技術を用いれば開発が可能な地下について，所有権自体が及んでいないと言い切るのもためらわれる。そこで，同法は，大深度地下には土地の所有権が及んではいるけれども，土地所有者には，その利用によって，損失が発生しないことを根拠に，補償を行うことなく——要するに，ただで——大深度地下を用いることができるとしている。したがって，具体的な損失を被った土地所有者は，損失の補償を請求することができる（同法37条1項）。

9.2.2　相隣関係

土地は連続しているので，ある土地の利用は，近隣の他の土地の利用に何らかの影響を及ぼさずにはいられない。そこで，隣り合っている土地所有権相互の利用を調整するために設けられているのが，第209条以下の相隣関係の規定である。相隣関係は，以下の5種類に分けることができる。具体的内容については，各自，条文を読んでおいてほしい。

① 隣地使用に関するもの　第209条〜第213条
② 水に関するもの　第214条〜第222条
③ 境界に関するもの　第223条〜第232条
④ 境界を越えた竹木に関するもの　第233条
⑤ 境界線付近の工作物に関するもの　第234条〜第238条

このように，民法は，相隣関係に関してかなり詳細な規定をおいている。ただ，これらの規定は民法立法時である明治中期の社会を前提としているため，全体として時代遅れであるといわざるをえない。しかし，①および⑤は，現代においても重要な意味を有するので，少し，説明することにする。なお，日照妨害やピアノの音に代表されるような近隣騒音のように，相隣関係では解決できない問題も存在する。これらの問題は，今日では，人格権の侵害として位置づけられるようになってきている。人格権については，不法行為の箇所で学んでほしい。

(1) 隣地通行権

図19にある甲地のように，他の土地に囲まれて公道に通じていない土地を袋地という。袋地である甲地の所有者Aは，第210条によると，公道に出るために，その土地を囲んでいる他の土地（乙土地，丙土地）——「囲繞地（いにょうち）」という——を通行することができる。この通行権は，囲繞地通行権とよばれていたが，囲繞地という言葉は民法の現代語化によって姿を消したので，本書では，隣地通行権とよぶことにする。

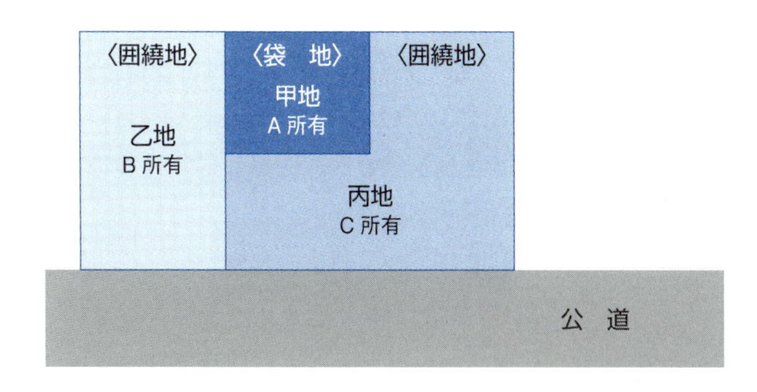

図 19

隣地通行権は，囲繞地の所有者の意思にかかわらず，法律上，袋地の所有者に認められるものであり，物権的効力を有する（最判平成2年11月20日民集44巻8号1037頁）。このように隣地通行権は，囲繞地の所有権を制約するものなので，図 19 のように，囲繞地が複数存在する場合には，通行の場所と方法は，通行権者に必要な限りで，かつ，他の土地のためにもっとも損害が少ないものを選ばなければならない（211条1項）。また，通行権を有する者が，通行地に損害を与えた場合には，償金を支払わなければならない（212条）。

なお，図 19 で，A が公道に出るためには，乙地の所有者 B あるいは丙地の所有者 C との間で，地役権設定契約を結ぶという方法もある。地役権とは，第280条にあるように，ある土地（甲地）の便益を増進するために，他の土地（乙地あるいは丙地）に設定される物権である。ここで，甲地を要役地（ようえきち），乙地あるいは丙地を承役地（しょうえきち）とよぶ。地役権は，隣地通行権とは異なり，所有者間の合意によって設定されるので，隣地通行権のような制約に服することはない。

(2) 境界線付近の建築物

第234条第1項は，建物は，境界線から50センチメートル離して建てなければならないと定めており，第2項は，隣地の所有者は，これに違反して建物を建てようとする者に対して，建築を中止させたり，変更させることができると定めている。すなわち，民法では境界線ぎりぎりに建物を建ててはいけないと規定している。これに対して，建築基準法第65条は，防火地域又は準防火地域内では，外壁が耐火構造であれば，境界線ぎりぎりに建物を建ててもよいと規定している。そこで，境界線ぎりぎりに建物を建ててよいのかどうか，両者の関係が問題となり，たとえば，境界線ぎりぎりに建物を建てようとしている者に対して，隣地の所有者が，第234条第2項に基づいて，建築禁止を請求するという形で紛争が生じる。

この問題について，最高裁は，最判平成元年9月19日民集43巻8号955頁において，「建築基準法65条……（中略）……所定の建築物に限り，その建築については民法234条1項の規定の適用が排除される旨を定めたものと解するのが相当である」と判示し，建築基準法第65条を，第234条第1項の特則と位置づけた。すなわち，防火地域，準防火地域では，境界線ぎりぎりに建物を建ててよいということである。

9.3 所有権の効力——物権的請求権

8.2で述べたように，所有権は，物に対する全面的な支配権である（206条）。しかし，絶海の孤島にたった一人，完全な自給自足生活をしている人間には，所有権なる概念は不要である。というのは，他人と何の関わりも持たないで生活する場合には，そもそも，どの物が，誰の，どのような支配に服するかという問題自体が生じないからである。少々，荒っぽい言い方ではあるが，所有権は，複数の人間が暮らすにあたって，「これは，私の物だから，勝手に手を出すな！」と主張することによって，他者の侵害から自分の領分を守るために必要なものである。したがって，他者からの侵害の可能性がまったく存在しない世界では，所有権も不要ということになる。

さて，侵害者から所有権を守る手段としては，第709条以下が定める不法行為法がある。しかし，これは，原則として，侵害者から損害賠償がとれるというだけで，所有者に対して，直接，物を取り返したり，損害を未然に防ぐために侵害を排除したりする権利を与えるものではない。しかし，もし，このような権利が認められないと，所有権侵害があっても，侵害を，ただ，見ているしかないということになるので，所有権の持つ意味は，あまりないということになってしまう。そこで，所有権の内容の円満な実現が妨げられている場合には，所有者には，所有権自体に基づいて，所有物を取り返したり，侵害を除去する権利が与えられる。この権利は，誰に対しても主張することができ，所有権に限らず，物権一般についても認められていることから，**物権的請求権**とよばれる。民法には，物権的請求権を正面から認めた規定は存在していないが，物権には，その性質から，物権的請求権が認められるのは当然のことである。なお，第202条には**占有の訴え**に対して**本権の訴え**という用語が用いられている。本権の訴えとは，所有権等の本権に基づく物権的請求権のことを意味する。

9.3.1 物権的請求権の種類

物権的請求権には，侵害の態様に応じて，以下の3つがあり，これらは，第197条以下の占有の訴え（占有訴権）（10.7参照）の3つの態様に対応するものである。物権のもっとも典型的なものは所有権であるので，以下，所有権に即して説明することにする。

返還請求権……占有回収の訴え（200条）

妨害排除請求権……占有保持の訴え（198条）

妨害予防請求権……占有保全の訴え（199条）

ここで，返還請求権は，所有者が所有物の占有を全面的に失った場合に，その所有物を占有している者に対して，行使するものである。たとえば，泥棒に宝石を盗まれた場合に，泥棒に対して，「宝石を返せ！」という具合に。ところで，この場合，たとえば，返還する物が壊れていたら，返還にあたって，相手方は，所有者に対して，いかなる義務を負うのか，逆に，相手方が，その物の管理のために費用を支出していたら，所有者は，その費用を負担しなければならないのか等々，さまざまな問題が生じる。これらについては，占有を説明するときに扱う（後述10.6）。

妨害排除請求権は，所有物に対する所有者の支配が部分的に妨害された場合に行使するものである。たとえば，庭に無断駐車されている場合に，「車をどけろ！」という具合に。妨害予防請求権は，所有物に対する現実の妨害は生じていないが，そのおそれがある場合に，あらかじめ行使するものである。たとえば，隣地で地面を掘り下げる工事がなされたために，自分の所有地が崩れるおそれがある場合に，「何とか，崩れないように措置を取ってくれ！」という具合に。

【担保物権に基づく物権的請求権】

同じく物権であっても，担保物権については，所有権と同じ内容の物権的請求権が認められているわけではない。詳しくは，担保物権の箇所で学んでほしいが，たとえば，動産質権にあっては，質権者は，質物を第三者に奪われても，質権に基づく返還請求権を認められておらず（353条），占有回収の訴え（200条）による回復が認められているだけである。また，抵当権にあっては，抵当権に基づく妨害排除請求権が認められるかという問題がある。

9.3.2 要　件

所有権に基づく請求権は，所有権の円滑な実現が妨げられただけで当然に発生するものであって，不法行為による損害賠償請求権（709条）とは異なり，相手方の故意・過失は不要である。すなわち，この請求権は，相手方に故意・過失ありとして，その責任を追及するのではなく，所有権の円満な実現に支障があるという客観的状態を正常化するための制度である。したがって，その相手方は，現在，所有権の円滑な実現を妨げている者であって，過去に実現を妨げた者ではない。

9.3.3 内容——行為請求権か忍容請求権か

> Ａの自転車をＢが盗んで持ち去った時，ＡはＢに対して何が請求できるか？

まず，法治国家においては，原則として自力救済が禁止されているので，Ａは，実力をもってＢから自転車を取り戻すことは許されない。そこで，Ａは，Ｂに対して，所有権に基づいて自転車の返還請求訴訟を提起する。Aが勝訴すると,「BはAに対して自転車を引き渡せ」という判決が出される。そして,Bが,この判決に従わない場合には,Aは,この判決に基づいて強制執行に進むことになる。具体的には,執行官が,Bのところへ行って自転車をとってきてAに引き渡すことになるが,これには費用がかかる。

さて,所有権に基づく請求権を,所有者が,侵害者に対して,侵害を除去するために一定の行為を請求するもの,すなわち,行為請求権と理解すると,執行官が行ったことは,本来は,侵害者であるBが行うべきことであったので,その費用はBが負担することになる。いまの例では,Bは,自転車泥棒であるので,この結論がおかしいと思う人はいないであろう。それでは,以下のような例ではどうだろうか。

> Aの自転車を盗んだBが,Cの庭先に,盗んだ自転車を放置した。この時,Cは,Aに対して,自転車をどけろと請求した。

この場合,Cは被害者であるが,Aも被害者である。しかし,所有権に基づく請求権は,9.3.2で述べたように,現に,所有権の円滑な実現を妨げている者に対して,その者の故意・過失を問わず,当然に発生するものである以上,Cは,自転車の所有者であるAに対して,所有権に基づいて妨害排除請求権を取得する。すると,所有権に基づく請求権を行為請求権ととらえると,自転車撤去の費用はAが負担することになるので,Aに酷ではないかという疑問が生じる。

そこで,所有権に基づく請求権は,請求権者自らが回復行為をすることを相手方は忍容せよと請求する権利,すなわち,忍容請求権と解する考えが主張された。この考え方に立つと,いまの場合,Cは,Aに対して,自転車を,庭から除去するために必要となることを忍容せよと請求できるだけである。すなわち，妨害排除請求にかかる費用は，請求権者であるCが負担することになり，Cは，その費用を，侵害を引き起こした者——いまの例ではB——に対し，不法行為に基づいて，請求することになる。これに対して，侵害が不可抗力によって起こったために，侵害に対する責任者がいない場合——たとえば，地震によってAの石垣が崩れてCの土地上に倒れた場合——には，請求権者が最終的にも費用を負担することになる。

しかし，忍容請求権として構成すると，物権的請求権は，所有権に代表される物権を保護するという機能を十分に発揮することができなくなってしまう。そこで，物権的請求権は，原則として，行為請求権ととらえるべきであろう。

なお，侵害が第三者の行為によって惹起された場合には，行為請求権と解しても，忍容請求権と解しても，侵害を除去するために要した費用の請求書は，最終的には，侵害を惹起した第三者に回ることになる。これに対して，侵害が不可抗力に基づく場合には，請求書は，行為請求権と解すると相手方に，忍容請求権と解すると請求権者に回ることになる。そこで，この場合には，痛み分けで折半にしようという考えも主張されているが，どうも場当たり的な感が否めない。

【双方侵害——早い者勝ちと遅い者勝ち？】

直前に挙げた例では，Cの庭に対する所有権がAの所有する自転車によって侵害されているという前提で話した。しかし，この場合，少々ひねくれた見方をすると，Cの所有地上にAの自転車があるために，Aが自由に自転車を使えないことから，Aの自転車に対する所有権がCによって侵害されているともいえる。すると，Cは，Aに対して，「自転車をどけろ！」という妨害排除請求権を持つとともに，Aは，Cに対して，「自転車を返せ！」という返還請求権を持つことになり，相互に，物権的請求権を持つことになってしまう。

この場合，物権的請求権を，行為請求権ととらえても，忍容請求権ととらえても，うまくいかない。というのは，行為請求権ととらえれば，先に請求権を行使した方が相手方の費用で侵害を除去できることになるので，早い者勝ちになり，逆に，忍容請求権ととらえると，先に請求権を行使した方が自分の費用で侵害を除去しなければならなくなるので，遅い者勝ちになるからである。

しかし，現在，学説は，このような場合，所有権の侵害は一つしかないので，物権的請求権の衝突はないと考えている。すなわち，AはCの所有権を侵害している。しかし，Cの土地上にAの物があるからといって，土地の所有者であるCが，Aの物を支配しているということにはならないので，Cは，Aの所有権を侵害していないと考えている。

9.4　所有権の取得原因

9.4.1　承継取得と原始取得

所有権は，どのようにしたら取得できるだろうか。まず，思いつくのは，誰かから，ある物を買って，その物の所有権を取得するという方法である。また，たとえば，親が死んで，親が持っていた土地を相続することにより，その所有権を取得することもある。これらの場合は，他人――いまの例だと，売主や被相続人――の所有権を承継することによって所有権を取得するので，承継取得という。3.4.2（5）の 2. で，「人は自分が持っている以上の権利を他人に譲り渡すことはできない」といったことを覚えているだろうか。承継取得は，他人の持っている権利を譲り受けるのだから，この原則があてはまり，譲受人は，その所有権についている負担や瑕疵（かし）も引き継ぐことになる。たとえば，A が所有している甲土地には，9.2.2（1）で説明した，隣地通行権の負担がついているとしよう。このとき，C が，A から甲土地を買った場合には，C は，隣地通行権の負担がついた土地を取得することになる。したがって，袋地の所有者は，所有者が代わっても，甲土地を通行することができる。

これに対して，ある物を，他人の所有権とは無関係に，法律が定めた要件に基づいて取得する場合もある。これを原始取得という。原始取得にあっては，他人の所有権を引き継ぐわけではないので，承継取得とは異なり，原則として，負担や瑕疵のない所有権を取得する。民法が，「所有権の取得」という表題の下に，第 239 条以下においている規定は原始取得に関する規定である。

さて，「所有権の取得」という表題の下に規定されている所有権の取得原因は，大きく①所有者のいない物・わからない物の取得に関する規定（239 条～241 条）と②所有者の異なる物同士がくっついて一つの物となった場合に関する規定（242 条～248 条）に分けられる。①に属するのは，無主物の先占（239 条），遺失物の拾得（240 条），埋蔵物の発見（241 条）である。②に属する規定は，付合・混和・加工の 3 種類に分けられるが，あわせて，添付とよばれる。なお，原始取得には，この他に，6.6 で説明した取得時効（162 条以下），11.3.2 で説明する即時取得（192 条）がある。

しかし，今日の社会において，所有権の取得原因として重要な意味を有するのは，契約や相続に代表される承継取得である。また，原始取得でもっとも重要なのは取得時効であり，「所有権の取得」という表題の下にある原始取得は，添付のうちの不動産の付合（242条）以外，あまり重要な役割を果たしているとはいえない。そこで，第239条以下については，基本的に，概観するにとどめることにしたい。

(1) 所有者のいない物・わからない物の取得に関する規定

① **無主物の先占（239条）**　動産と不動産では，扱いが異なる。

川で魚を釣った場合のように，所有者のいない動産は，所有の意思をもってこれを占有した者が，その所有権を取得する（239条1項）。これを先占という。これに対して，所有者のいない不動産は，国の所有物となる（239条2項）ので，不動産の先占はない。

② **遺失物の拾得（240条）**　遺失物は，遺失物法の規定に従って公告をなした後，3か月以内に所有者が判明しないときは，拾得者が，その所有権を取得する。なお，遺失物法は，所有者の拾得者に対する謝礼の額についても定めている（物件価格の5~20パーセント）（遺失物法28条1項）。

③ **埋蔵物の発見（241条）**　埋蔵物とは，土の中に埋まっていた小判のように，土地等の中に埋蔵されていて，外部からは容易に目撃できず，所有者が誰かわからない物をいう。

埋蔵物については，遺失物法の規定によって，公告をした後6か月以内に所有者がわからないときは，発見者が，所有権を取得する（241条）。また，他人の物の中で発見した埋蔵物については，その物の所有者と発見者が折半して，所有権を取得する（241条但書）。たとえば，Aから建物の建築を請け負っていたBが，工事現場であるA所有の土地で小判100枚を見つけた場合には，土地の所有者であるAと見つけたBが，小判の所有権を2分の1ずつ取得することになる。ただし，文化財については，所有者が判明しないときは，国庫等に帰属することとされている（文化財保護法104条1項，105条1項）。

(2) 添付——所有者の異なる物同士がくっついて一つの物となった場合に関する規定

1. 概　　観

民法は，第242条から第248条に，添付の規定をおいている。では，なぜ，このような規定をおいたのだろうか。

たとえば，自分の椅子に友だちの所有するペンキを塗った場合，ペンキの所有者である友だちから「このペンキは自分の物だから，椅子からはがして返せ！」と請求されたらどうするだろうか。直感的に，「ペンキ代は払ってもいいけど，ペンキをはがせというのは無茶だ！」と言うだろう。また，著名な彫刻家が，他人の所有している丸太を勝手に使って，仏像を作った場合に，丸太の所有者に，「丸太は自分の物だから，仏像も自分の物だ！」と主張させてよいだろうか。というのは，著名な彫刻家が彫ったことによって，価格は，丸太のままのときとは比較できないほど高くなったからである。

大雑把にいうと，所有者の異なる物が一緒になったときや，他人の物に加工を加えたとき，価値のある方——物の場合もあれば，加工という作業の場合もある——を出した者が全体の所有権を取得するというのが，添付の制度である。ただし，それによって，所有権を失う者は，全体の所有権を取得した者に対して，不当利得として，金銭の支払いを請求することができる（248条）。

しかし，この添付の規定の重要性は，さほど大きくはない。というのは，通常は，ペンキがなかったら，友だちから，ペンキを売ってもらったり，贈与してもらったりするだろうし，彫刻家は，丸太に仏像を彫りたければ，所有者から丸太を売ってもらったり，あるいは，所有者との間で，請負契約を締結し，彫り上がった仏像の所有権について決めておくだろうからである。したがって，添付の規定は，このような契約のない場合に例外的に適用をみるだけである。

添付には，以下の種類がある。

不動産の付合（242条）

動産の付合（243条・244条）

混和（245条）

加工（246条）

このうち，動産の付合は，先ほど挙げた，自分の椅子に友だちのペンキを塗った場合のように，所有者を異にする複数の動産が結合して一つの物になり，「損傷しなければ分離することができなくなったとき」あるいは「分離するのに過分の費用を要するとき」に成立する。この場合，すでに述べたように，一つになった物の所有権は，主たる動産の所有者に帰属する（243条）。どちらが主でどちらが従か区別がつかないときは，各動産の所有者が共有する（244条）。なお，共有については，9.5で説明する。

加工は，先ほど挙げた仏像の例のように，他人の所有する動産（材料）に工作を加えて，新たな物にした場合である（246条）。この場合，材料の所有者が新たな物の所有権を取得する。ただし，先ほどの例のように，工作によって生じた価値が材料を著しく上回るときは，工作を加えた者が所有権を取得する。

混和は，A所有の酒とB所有の酒が混ざり合ったり，C所有の米とD所有の米が混ざり合った場合のように，所有者の異なる複数の物が混ざり合って，どれが誰のものか識別できなくなった場合をいう。この場合，混ざり合った物（混和物）は，混ざり合う前の物について主従の区別がつくときは，主たる物の所有者に帰属し，主従の区別がつかないときは，それぞれの所有者が混和時の価格の割合に応じて共有する（245条）。

2. 不動産の付合

1. で述べたように，動産の付合は，第243条にあるように，所有者を異にする複数の動産が結合して一つの物になり，「損傷しなければ分離することができなくなったとき」あるいは「分離するのに過分の費用を要するとき」に成立する。これに対して，不動産の付合を定めた第242条は，その本文において，「不動産の所有者は，その不動産に従として付合した物の所有権を取得する」と定めるだけで，「従として付合した」という言葉の意味，すなわち，どのような状況になれば付合が生ずるのかについては定めていない。これは，不動産の付合の制度目的をどのようにとらえるかに関わる問題であり，通説は，社会経済上の不利益を考慮したものと考えている。したがって，不動産の付合の基準は，第243条にある動産の付合の基準と同じく，分離が不可能であるか（たとえば，家の壁に他人のペンキを塗った場合），あるいは，分離によって不動産や動産を著しく毀損したり，または，分離するためには過分の費用を要するので，分離が不相当な場合ということになる。

そこで，たとえば，ある動産がある不動産にくっついて，いま述べたような状況に至ると，不動産の所有者は，くっついた動産の所有権を取得し，その反面，動産の所有者は，その所有権を喪失することになる。すなわち，付合によって生じた物を単一の所有権の客体として，その間の分離請求を許さないわけである。もちろん，付合によって所有権を取得した者と，これを喪失した者との間には，実質上，不当利得の関係があるから，他の添付の場合と同様に，所有権を喪失した者は，所有権を取得した者に対して，償金を請求することができる（248条）。

日本では，不動産の付合の成否が問題となる場面について，他人の土地に農作物や樹木を植えた者や，他人の工場に設備を設置した者が，不動産の所有者に対して，くっつけた動産の分離引渡しを請求する場面をもっぱら念頭においているといえよう。しかし，不動産の付合の規定は，「地上物は土地に従う」というローマ法以来の原則に由来するものである。すなわち，欧米諸国では，建物とそれが建っている土地は一つの物として扱われてきた。しかし，日本では，建物は，土地とは付合せず，7.2.1で述べたように，土地とは別個の不動産とされている（370条参照）。そこで，日本においては，建物の土地への付合の問題は生ぜず，付合に関して問題になるのは，前述した他人の土地に農作物を植えた場合とか，他人の建物に増改築を施した場合である。

さて，第242条は，その但書において，「権原によってその物を附属させた他人の権利を妨げない」と規定している。ここで，権原とは，地上権，永小作権，賃借権のように，他人の不動産に物を付属させて，その不動産を利用する権利をいう。そこで，但書は，たとえば，地上権を有する者が，その権原（＝地上権）に基づいて他人の土地に樹木を植えた場合には，付合は生じないので，地上権者は樹木の所有権を失わないということを意味する。

しかし，たとえば，借家人が自分の所有するペンキを使って，借家の壁を塗り直した場合のように，付属させられた物が，まったく独立性を失って不動産の構成部分となった場合には，それが別個に取引の対象となることはないから，ペンキにだけ借家人の所有権を認めることは妥当ではない。そこで，学説は，同じく付合といっても，付属させられた物が完全に独立性を失って不動産の構成部分になる場合（強い付合）と完全には独立性を失わない場合（弱い付合）に分け，第242条但書の適用があるのは弱い付合の場合だけであり，強い付合の場合には，その適用はないと解している。

【賃借人による建物の増改築】

賃借人が賃借している建物に増改築を施した場合に，増改築部分について第242条但書の適用がある，すなわち，賃借人が増改築部分の所有者となりうるためには，2つの問題をクリアしなければならない。

1つめの問題は，増改築部分が独立の所有権（区分所有権，後述9.5.3（2）参照）の客体となるものでなければならないということである。すなわち，建物の増改築の場合には，第242条但書の適用があるとしても，不動産に動産がくっついた場合とは異なり，分離ということは予定されていない。そこで，第242条但書の適用があるためには，増改築部分は，建物の一部ではあっても，構造上・利用上の独立性が認められ，区分所有権の客体となるものでなければならない（最判昭和38年10月29日民集17巻9号1236頁，最判昭和44年7月25日民集23巻8号1627頁）。

2つめの問題は，賃借権は第242条但書の権原に含まれるかである。同じく賃借権であっても，農地や山林の賃借権は権原に含まれるが，建物の賃借権は権原には含まれないと解さざるをえない。というのは，第242条但書は，不動産にくっつけた物について別個の所有権を認めるものであるが，建物の賃借権は，そのようなものではない。さらに，第242条但書の適用を認め，賃借人の所有権を認めるためには，賃貸借契約了後も，当該増改築部分の敷地の使用権原を賃借人に与える合意の存在が必要となる。しかし，そのようなことは，まず，考えることはできない。この結論は，賃貸人が増改築を承諾していたとしても変わらない。というのは，承諾の意味は，賃借人が増改築を行っても賃貸借契約の解除事由にならないというにとどまり，増改築部分の付合を妨げる——増改築部分の所有権を賃借人に与える——という意味までは含んでいないからである。したがって，賃借人による増改築がなされた場合には，たとえ，賃貸人による承諾があったとしても，付合は妨げられることはなく，増改築部分は，建物所有者である賃貸人の所有に帰し，後は，その費用を誰が負担するかの問題が残ることになる。

9.5 共同所有

9.5.1 意　義

ここまでは，ある物を1人が所有している場合を考えてきた。しかし，たとえば，共働きの夫婦が住宅を購入した場合や，友人3人でお金を出し合ってクルーザーを購入した場合のように，一つの物を複数の者が共同所有している場合も少なくない。共同所有であっても所有権には違いない。しかし，たとえば，3人の間でクルーザーをどのように利用するか，あるいは，3人のうちの1人がお金が必要になったのでクルーザーを売りたいと思っていても，他の2人は売りたくないと思っているとき，いったいどうしたらよいかなど，共同所有にあっては，単独所有では起こらない問題が生じることは容易に想像できると思う。すなわち，共同所有者は，所有権者とはいっても，単独所有の場合とは異なり，共同所有している物の運命を自分一人で決めるわけにはいかない。その意味では，共同所有は所有権が制約されている場合の一つととらえることができる。

さて，民法は，共同所有の法律関係について，第249条以下に共有と題した規定をおいている。しかし，気をつけないといけないことは，民法では，同じく「共有」という用語を用いてはいるが，後に説明するように，第249条以下のそれと同じではないものが含まれているということである。本書では，まず，第249条以下に定める共有を説明した後に，その他の共有について説明することにする。

9.5.2　共　　有

(1) 持　　分

ここでは，第249条以下に規定されている共有について説明する。第249条以下に定められている共有の特徴は，持分の処分の自由および共有物分割の自由である。持分の処分の自由および共有物分割の自由については，(3) で改めて説明することにして，まず，持分という用語について説明する。

第249条以下の「共有」の節には，持分という言葉が頻繁に出てくる。持分とは，共有者が，共有物に対して有する権利のことを指すが，各共有者の有する権利の割合を指すこともある。たとえば，「共有者Aの持分は3分の1である」という具合に。本書では，前者を指す場合には持分権，後者を指す場合には持分率ということにする。

持分率は，具体的ケースごとにさまざまである。友人3人がお金を出し合ってクルーザーを購入する場合のように，合意によって共有が生じた場合には，持分率は，当事者の合意によって定まるのが普通である。たとえば，ABCの3人が1,000万円ずつ出し合ってクルーザーを買い，それぞれの持分率は3分の1と定める場合である。しかし，持分率について定めがない場合には，持分率は「相等しいものと推定」される（250条）。そこで，ABCの3人が，それぞれ，1,500万円，1,000万円，500万円を出し合ってクルーザーを買った場合であっても，持分率は，3分の1ずつと推定される。

ところで，第255条は，共有者の一人が持分権を放棄したり，相続人なく死亡した場合には，その持分権は無主の財産になることはなく，他の共有者に帰属すると定めている。たとえば，ABC3人が，クルーザーを，それぞれ3分の1の持分率で共有していたところ，Aが，その持分権を放棄したとする。すると，BCの持分率は，それぞれ2分の1にふくらむことになる。

この点について，かつては，共有という所有形態に内在する共有の弾力性という性質に由来するものと説かれてきた。すなわち，各共有者の持分権は，一つの箱にぎゅうぎゅう詰めにされている複数のゴム風船にたとえられる。そこで，一人の持分権が消滅すると，箱にぎゅうぎゅう詰めにされていたゴム風船の一つが割れたように，他の共有者の持分権が拡大する，と。しかし，近時は，第255条は，立法政策上の理由に由来するとの考えが説かれるに至った。すなわち，9.4.1で説明したように，無主の財産は，不動産ならば国庫に帰属（239条2項）するのが原則である。しかし，共有物の場合には，赤の他人の国家に帰属させるよりも，その物に対してより密接な関係を持つ他の共有者に帰属させるべきだとして規定されたというわけである。

(2) 各共有者の権利

1. 共有物の利用

共有者は，共有物の全部について，その持分率に応じた使用を行うことができる（249条）。これは，先ほどの3分の1の持分率で共有しているクルーザーの例だと，ABCは，それぞれ，クルーザーの船体の3分の1ずつしか使用できないということを意味するわけではない。しかし，ABCは，いずれも一年を通じて独占的に利用できるわけではなく，持分率に応じて使用できるにとどまる。ただし，使用・収益の方法等について特別に定められている場合はそれに従う。これは，目的物の管理に関する事項であるから，第252条本文に従い，持分価格の過半数，すなわち，持分率の多数決によって決っせられることになる。

目的物の管理に関する事項としては，他に，たとえば，共有物について第三者と賃貸借契約を締結することや，第三者との賃貸借契約を解除することが挙げられる（最判昭和39年2月25日民集18巻2号329頁）。先ほどのクルーザーの例では，ABCの持分率は，それぞれ3分の1ずつなので，2名が合意すれば，残りの1名が不服でも，賃貸借契約を締結したり，解除したりできる。これに対して，共有物の変更には，全員の同意を必要とする（251条）。たとえば，田んぼである共有地を宅地に変える，あるいは，変更には，共有物の法律的な処分も含まれるので，共有物を売却するなどである。なお，保存行為は，各共有者が単独でできる（252条但書）。保存行為とは，たとえば，共有物の修繕などである。

2. 共有物をめぐる紛争

共有物をめぐる紛争は，共有者間で起こる場合と共有者と共有者以外の第三者の間で起こる場合がある。前者を共有の内部関係（対内関係），後者を外部関係（対外関係）とよぶことがある。

[1] 内部関係

1. で説明したように，各共有者は，共有物の全部を，その持分率に応じて使用することができる（249条）。そこで，共有物を正当な権限なく独り占めしている共有者がいても，その共有者に対して，他の共有者は，共有物を自分に引き渡せと請求することはできない。

というのは，独り占めしている共有者に全面的な引渡しを命ずることは，第249条によって認められているその者の使用権限を奪うことになるからである。共同相続の事例において，共有者は，共有物を以前から単独で占有する他の共有者に対して，自分の持分率の割合が2分の1を超えることを理由として，当然には，その明渡しを請求することはできないとされた（最判昭和41年5月19日民集20巻5号947頁）。

【明渡請求が否定された後，どうするの？】

本文の続きを考えてみよう。明渡請求が否定されても，これによって，独り占めしている共有者――いま，Aとよぶことにしよう――の占有が適法なものとなったわけではないので，他の共有者は，Aに対して，損害賠償または不当利得の返還請求をすることはできる。しかし，Aの独り占め自体を終了させるためには，すべての共有者の間で，改めて，第252条本文の規定に従った協議を行い，共有物の利用方法について定める必要がある。すると，持分率の2分の1以上を持っている共有者たちは，持分率が2分の1にとどかない共有者は利用してはいけないと決定することも不可能ではないだろう。利用できなくなった共有者は，この決定に不満ならば，分割請求をするか，自分の持分権を第三者に譲渡して共有関係から離脱するしかない。

[2] 外部関係

無権原の第三者に対しては，各共有者は，単独で，妨害排除請求や返還請求ができる（大判大正7年4月19日民録24輯731頁）。同様に，不動産の共有者の一人は，単独で，当該不動産の登記簿上の所有者に対して，その登記の全部の抹消を求めることができる（最判

昭和31年5月10日民集10巻5号487頁，最判平成15年7月11日民集57巻7号787頁)。

単独所有の場合には，これらの請求が物権的請求権に基づいて認められるのは明らかである。しかし，共有の場合には，他の共有者が存在するにもかかわらず，共有物全体に関わる事項を，なぜ，各共有者が単独で行えるのか，その理由をどこに求めるかが問題となる。保存行為（252条但書）に該当するという考えと，共有物に対する侵害は持分権の侵害に該当するので，持分権に基づいて単独で請求できるという考えがあり，最近は，後者の考えが有力である。

なお，この考えの違いは，共有の法的性質の理解に関連する。すなわち，前者にあっては，共有物の所有権は，単独所有の場合と同様に，一個ととらえるので，共有物全体に関わる事項は，原則として，共有者全員で行わなければならないことになる。これに対して，後者にあっては，各共有者は，それぞれ一個の所有権（＝持分権）を有するととらえるので，各共有者は，持分権に基づいて単独請求できることになる。しかし，各共有者は，他の共有者の持分権に干渉する権利はないから，なぜ，各共有者は，共有物全体に関わる事項を単独で行えるのかという疑問は残ると言わざるを得ない。

【共有関係の主張】

いままで述べてきたのは，各共有者が，第三者に対して，自分の持分権を主張する場合である。これに対して，たとえば，ABC 3人が共有している土地について，各共有者は，単独で「この土地はABC 3人の共有だ！」と，共有関係を主張できるのかという問題がある。

判例は，この場合は，固有必要的共同訴訟として，共有者の全員が原告になることを要するとする（最判昭和46年10月7日民集25

巻7号885頁)。この場合には，共有関係の画一的処理の必要性が特に高いので，共有者全員が訴訟の当事者になることが必要とされる。たとえば，Aと第三者Dとの訴訟でABCの共有関係が否定され，BとDの訴訟で共有関係が肯定されては，ABC対Dの紛争は実質的な解決ができないからである。しかし，共有者全員が原告にならなければならないとすると，共有者の一人が訴訟に反対したり，行方不明であると，他の共有者は訴訟を提起できないという不都合がある。反対に，第三者が共有者を訴える場合には，共有者全員を訴えなければならないのかという問題もある。いずれにせよ，共有者の訴訟については，詳しいことは，民事訴訟法に委ねたい。

(3) 特徴——持分の処分と分割の自由

(1) で述べたように，第249条以下に定められている共有の特徴は，持分権の処分および共有物分割の自由である。前者については，明文の規定はないが，持分権は所有権たる性質を有する以上，認められる。持分権の処分の場合には，共有自体は存続するのに対して，分割の場合には，共有関係自体が終了するという違いはあるが，共有者は，原則として，いつでも，共有関係から離脱できる。

分割の自由については，第256条第1項本文は，各共有者は，原則として，いつでも，分割請求できると規定している。この規定から，民法は，物の所有形態につき，単独所有を原則とし，共有関係は，できるだけ，すみやかに解消しようとしていることがうかがえる。なぜ，このようになったのだろうか。いままでの説明を読んで，皆さんは，共有というのは，かなりうっとうしいものだと感じなかっただろうか。すなわち，各共有者は，他の共有者と意見があわなければ，充分に目的物を利用することができないし，単独所有の場合ほどには目的物に対して利害を感じないために，利用・改良に熱心にはならないであろう。起草者も，共有というのは経済的に見て非効率な状態であり，共有関係はなるべく早く解消して，単独所有に移行するのがよいと考えたわけである。ただし，5年を超えない範囲で不分割の特約を結ぶことは許されている（256条1項但書）。

分割手続については，第258条以下に規定されている。分割の方法は，現物分割が原則ではあるが，判例は柔軟に解している。たとえば，ABC 3人が，甲，乙，丙という3筆——土地は1つ，2つではなく1筆（ひつ），2筆と数える——の土地を共有している場合に，甲土地をA，乙土地をB，丙土地をCの単独所有とし，後は，金銭で調整したり（最大判昭和62年4月22日民集41巻3号408頁），ABCが甲土地を共有している場合に，甲土地をAの単独所有とし，BCとの間は金銭で調整する方法（最判平成8年10月31日民集50巻9号2563頁）も認めている。

9.5.3 その他の共同所有

(1) 合有，総有

民法には，共有という言葉が用いられてはいるが，いままで説明した第249条以下の共有とは性質の異なるものがある。たとえば，組合財産は総組合員の共有に属する（668条）とされている。しかし，組合員は自分の持分を自由に処分することはできず，また，組合の清算前は分割請求もできない（676条）。組合財産は，組合という団体のために存在するので，第249条以下で定められている共有とは異なり，団体的規制が前提とされている。そこで，このような共同所有は合有とよばれる。また，相続財産についても，民法は，相続人の共有に属するとしている（898条）が，ここでも，共同相続人という一種の団体が存在していることによる特殊性があるのではないかが争われている。

さらに，民法は，「共有の性質を有する入会（いりあい）権」について定めている（263条）。入会権とは，村落の住民が村落の周辺の野山に入って薪を集めたり，下草を刈る権利である。この場合，実質的には，村落の住民団体が野山の所有者ではあるが，住民団体には法人格がないために，民法は，「共有の性質を有する入会権」としている。入会権にあっては，住民は，村落団体の定めたルールに従った使用・収益しかできず，また，その土地を離れ，村落団体の住民ではなくなったら，もはや，使用・収益はできないので，そもそも，持分権自体を観念することはできない。このような共同所有は総有とよばれる。

そこで，このような団体的規制の強さに応じて，共同所有関係に性質の異なる類型を認めようとする考え方がある。すなわち，団体的規制の強い順に総有，合有，共有というわけである。しかし，問題はそれぞれの中身であり，個々の法律関係ごとに具体的効果を検討して，第249条以下で定める共有と比較することが必要である。

(2) 区分所有

いままで説明した共有と似て非なるものに，区分所有というものがある。分譲マンションを考えればよい。分譲マンションでは，建物全体としては，一つの建物を多数の人が所有する関係にある。しかし，廊下・エレベーター・階段室等，住民みんなが使う部分や，管理人室・機械室など全体の便宜のためにおかれている部分は共有となっているが，いままで説明した共有とは異なり，203号室，505号室のように，個々の居室は単独所有の対象となっている。単独所有の対象となる個々の居室を専有部分，それに対する所有権を区分所有権と，共有となっている部分を共用部分とよぶ。

民法は，かつて，第208条に建物の区分所有の規定をおいていた。しかし，この規定は，現在，マンションという言葉から思い浮かべる建物ではなく，落語に出てくるようなハーモニカ型のいわゆる棟割長屋を前提としたものであった。そのため，この規定では建物の区分所有に対処できなくなったために，昭和37年（1962年）に，「建物の区分所有等に関する法律」（以下「区分所有法」という）が制定され，第208条は民法から削除された。なお，同法は，昭和58年（1983年）に大改正が行われ，団体的規制が強くなった。同法について，民法上の共有と対比しながら，簡単に紹介したい。

①　共用部分は区分所有者の専有部分の床面積の割合による共有である（区分所有法14条1項）が，民法の共有とは異なり，分割請求はできないし，また，専有部分と切り離しては処分できない（同法15条)。敷地についても，専有部分と切り離して処分することはできない（同法22条)。

②　区分所有建物の管理は，結局のところ，区分所有者全員で行わざるをえない。そこで，区分所有法は，「建物並びに敷地及び付属施設の管理を行うため」に，区分所有者全員による団体を構成させることにした（同法3条)。管理組合とよばれる団体がそれである。また，区分所有者の集会によって，建物等の管理，使用に関する具体的なルール（規約）を定めることにした（同法31条)。なお，規約は，最初に専有部分の全部を所有する者，すなわち，分譲業者が決めておくことが多い（同法32条)。

③　建物の老朽化によって建て替えの必要が生じた場合に，共有建物の建て替えは，共有物の変更にあたるので，民法の原則によれば，区分所有者全員の同意がないとできないはずである（251条)。しかし，それでは，一人でも反対者がいた場合にはどうにもならない。そこで，昭和58年（1983年）の改正法では，多数決原理が導

入された。しかし，改正法では，単純に多数決原理が導入されたわけではなかった。すなわち，老朽化等により維持に過分の費用を要するようになったときには，区分所有者の頭数および専有部分の割合によって決まる議決権割合の5分の4以上が賛成すれば建て替えができるようになった（同法62条）。

しかし，「維持に過分の費用を要する」という要件——条文は「老朽，損傷，一部の滅失その他の事情により，建物の価額その他の事情に照らし，建物がその効用を維持し，又は回復するのに過分の費用を要するに至ったとき」とあいまいな概念のオンパレード——は，基準としては明確性を欠くことから，紛争の種となりやすく，建て替えの障害となるおそれがあった。他方，老朽マンションの増加により，建替えの必要性は増大していた。そこで，平成14年（2002年）には，「維持に過分の費用を要する」という要件が削除され，区分所有者の頭数および専有部分の割合によって決まる議決権割合の5分の4以上が賛成すれば建て替えができるようになった（同法62条1項）。なお，建替え決議に反対した区分所有者は，区分所有権を時価で買い取ってもらうことができる（同法63条）。

第10章　占 有 権

10.1　占有権とは何か？

民法は，占有権について，第二編物権編において，所有権等と並んで規定している。しかし，8.2 で述べたように，占有権は，所有権等，民法が第二編第三章以下で規定している本権とよばれる物権とは性質が異なる。すなわち，本権は，当該物権を有する者が現実に物を支配しているか否かにかかわらず認められる観念的な権利であるのに対して，占有権は，現実の物支配に基づいて認められる権利だからである。したがって，占有権にあっては，占有をしているという事実状態に対して一定の保護が与えられるにすぎない。そこで，以下では，主に，「占有」という表現を用いることにする。

民法は，第188条以下に「占有権の効力」という節を設け，占有に結びつけられている効果について規定している。それらは，10.7 で説明する占有自体の保護に関する規定と，本権との関連で定められている規定（10.3，10.6，11.3.2）に大きく分けることができる。さらに，他にも，占有に結びつけられている効果としては，取得時効（162条以下，6.6 参照），動産物権変動の対抗要件（178条，11.3 参照），無主物の帰属（239条，9.4.1（1）参照）・遺失物拾得（240条，9.4.1（1）参照），留置権（295条）などがある。

占有に結びつけられているこれらの効果を見ると，雑然としていて，占有制度がいったい何を目的とする制度なのか，明らかではない。このように占有制度がわかりにくい制度になっている理由は，その沿革にあるといわれる。すなわち，今日の占有制度は，ローマ法のポッセシオとゲルマン法のゲヴェーレという2つの異なった制度に起源を有しており，この2つが融合して，さらにさまざまな変化を経て成立したという事情がある。したがって，占有制度を一元的に理解することは，そもそも不可能であり，また，その必要があるかも疑問である。大事なことは，いかなる事実支配にいかなる法的効果が与えられるべきかである。

10.2 占有の成立

10.2.1 要件

第180条は，「占有権は，自己のためにする意思をもって物を所持することによって取得する」と規定している。同条によれば，占有の要件は，所持と自己のためにする意思ということになる。所持とは，物を事実上支配していることをいう。しかし，本を手に持っている場合だけではなく，自分の机の上に置いてあっても所持ありといえる。結局のところ，所持は，単なる事実上の支配ではなく，その支配が占有の諸効果を与えるにふさわしいものであるか否かによって判断される評価を含んだ概念ということになる。

このように所持が評価を含んだ概念ということになると，占有の成立にあたって，所持に加えて自己のためにする意思を要求する必要はない。

【占有における「意思」——客観説と主観説】

本文にあるように占有の成立に意思は不要と解する立場を客観説とよぶのに対して，必要と解する立場を主観説とよぶ。さて，占有の成立に意思を要求するのは，沿革的には，ローマ法に由来する。すなわち，そこでは，物の事実的支配者であっても，賃借人のように，一定の社会的地位のない者に対しては，独立した法的保護を与えることが拒否されていた。そして，その目的を達成するために，占有の成立に意思を要求し，これらの者には，占有の意思がないことを理由とした。

第180条は，明文をもって，占有の成立に意思を要求していることから，主観説が多数説である。しかし，意思を厳格に解すると，たとえば，意思無能力者には意思を認めることができないので，占有は成立しないことになるなど，不都合が生じる。そこで，現在の主観説は，意思を緩やかに解し，意思は物の所持を生じさせた原因の性質から客観的に判断されるものとしている。したがって，実際上，所持があれば占有がある結果となり，客観説との差は，ほとんどない。

10.2.2 代理占有

たとえば，Aが，その所有する土地をBに賃貸している場合，土地を現実に支配しているのはBである。しかし，この場合，賃借人Bだけではなく，賃貸人Aも，土地の占有を取得する。要に，AB間に存在する法律関係から判断して，物を現実に支配していないAにも占有権の保護を与えるのが妥当であると判断されるとき，Aにも占有があるとされ，このAの占有は代理占有とよばれる。このことを，第181条は，「占有権は，代理人によって取得することができる」と規定している。いまの例では，代理人はＢということになる。しかし，ここで気をつけなければならないのは，同条は「代理」という用語を用いているが，ここでの代理は法律行為の代理とは性格を異にするということである。したがって，Ａの占有は，「代理占有」ではなく，間接占有とよぶほうがわかりやすいであろう。なお，この場合，Ｂも占有を有し，Ｂの占有は直接占有とよばれる。

いま，説明したように，間接占有にあっては，物を直接所持している者にも占有が認められる。これに対して，物を直接所持している者が占有補助者である場合には，同人には，占有は認められない。たとえば，親が幼稚園児の子どもに親の財布を持たせている場合がそれであり，この場合の子どもが占有補助者である。したがって，子どもが財布を奪われた場合，子ども自身には占有訴権（10.7 参照）は認められない。

10.3　成立した占有の態様

ここで説明する占有の態様は，特に，取得時効に関して問題となる。

10.3.1　自主占有・他主占有

他主占有とは，第 185 条にあるように「権原の性質上占有者に所有の意思がないものとされる」占有であり，自主占有とは，逆に，権原の性質上，占有者に所有の意思があるとされる占有である。ここで気をつけなければならないのは，所有の意思は，占有者の内心の意思によって決まるのではなく，「占有取得の原因である権原又は占有に関する事情により外形的客観的に定められる」ということである（最判昭和58年3月24日民集37巻2号131頁）。したがって，賃借人が，いくら，心の中で，「これは自分の物だ！」と思って占有していても，その占有は，他主占有である（6.1参照）。他方，無効な売買により所有権を取得したと誤信している買主や，泥棒も自主占有者である。結局のところ，自主占有とは，所有者のような外形の下に占有していることである。

占有者による時効取得の完成のためには，第162条にあるように，その占有は自主占有であることが必要である。賃借人は自主占有者ではないので，いくら長く占有していても，賃借している物を時効取得することはない。このことは，前述したように，賃借人が，心の中で，「これは自分の物だ！」と思って占有していても変わることはない。ただ，第185条によれば，「占有者が，自己に占有をさせた者に対して所有の意思があることを表示」した場合——たとえば，ある日，賃借人が，賃貸人に対して，「自分の物として占有する！」と宣言した場合——と「新たな権原により更に所有の意思をもって占有を始め」た場合——たとえば，賃借人が賃貸人から借りている物を買った場合——には，他主占有は，自主占有に，その性質を変える。

10.3.2　善意・平穏・公然

善意占有とは，権原に基づかない占有であって，占有者が権原に基づかないことを知らない占有である。ここで権原とは，所有権とか賃借権とか，占有を正当化する権原のことを指す。占有が平穏・公然とは，日本語の字義通りであり，占有が暴力によるものでなく，隠されていないということを意味する。なお，第186条第1項によれば，占有が立証されると，占有者は，所有の意思をもって，善意・平穏・公然と占有するものと推定される。ただし，無過失は推定されない。

10.4　占有の承継取得

10.4.1　方　法

10.1で述べたように，占有は，占有者の物に対する事実的支配を基礎とするものである。この点を貫徹すれば，占有権は，原始取得されるのみで，その承継取得ということはありえないということになりそうである。承継取得を認めない場合には，Aが占有していた物をBに引き渡した場合には，Aの占有は引渡しの瞬間に消滅し，Bは，事実的支配を得たことに基づき，新たに，占有を取得するということになる。

しかし，民法は，物に対する事実的支配を基礎として占有権という概念を認めたことによって，**占有の移転**を認めた。すなわち，**占有は物の引渡しによって移転する。引渡し**には，**現実の引渡し**（182条1項），**簡易の引渡し**（同条2項），**占有改定**（183条），**指図による占有移転**（184条）があり，これら引渡しがあると，占有は移転する（図20）。

① **現実の引渡し（182条1項）**　文字通り，物を引き渡すことである。これによって，物の所在は，AからBへ移転することになる。

② **簡易の引渡し（182条2項）**　たとえば，BがAから借りてい

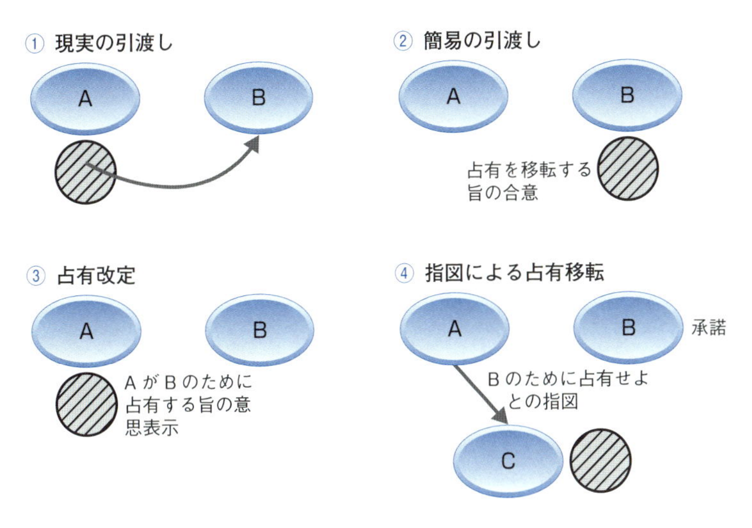

図 20

る物を譲り受ける場合，B が，A にいったん物を返して――現実の引渡しをして――，また，A から現実の引渡しを受けるのは面倒である。そこで，A と B との合意によって，占有が A から B に移ることにした。A と B との合意だけで占有は A から B に移転するが，もともと占有していた者に対して占有が移るだけである。

③　**占有改定（183 条）**　簡易の引渡しとは反対に，たとえば，A が，B に売却した物を，B から借りて，売却後も占有を継続しようという場合，A は，以後，B のために占有する旨の意思表示をすれば，それによって A から B に占有が移転することになる。A は B に物を引き渡し，それから，再び，B から引渡しを受けるという手続を簡略化したものである。なお，いまの例では，第 183 条の「代理人」が A，「本人」が B である。

物の所在場所が動かないのは簡易の引渡しと同じであるが，簡易の引渡しとは異なり，占有移転を受ける側の人（B）には，物に対する現実の支配は一度も移転しない。

④　**指図による占有移転（184条）**　たとえば，AがCに賃貸している物をBに売却した場合，AがCに対して，以後，Bのために占有すべき旨を命じ，Bがこれを承諾すると，Bに占有が移転する。ここで注意すべきことは，直接占有者であるCの承諾は不要とされていることである。なお，いまの例では，第184条の「代理人」がC，本人が「A」，第三者が「B」である。

また，通説・判例は，占有の相続を肯定している。すなわち，占有は，相続人が物を事実上支配しているか否か，相続開始を知っているか否かにかかわらず，当然に，相続されると解している（最判昭和28年4月24日民集7巻4号414頁，最判昭和44年10月30日民集23巻10号1881頁）。占有の相続を肯定しないと，たとえば，相続人が被相続人と同居していないと，被相続人の下で進行してきた取得時効は，その完成前に被相続人が死亡することでご破算になってしまう等の不都合が生じる。占有の相続というのは不自然ではあるが，このような不都合を回避するために政策的に認められたものである。

10.4.2　効　果

10.4.1で説明したように，占有の承継が認められることにより，第187条第1項にあるように，占有を引き継いだ者（B）は，前に占有していた者（A）の占有をあわせて主張することができる。しかし，その場合には，同条第2項によれば，Bは，Aの占有の瑕疵――悪意占有，善意ではあるが過失ある占有，平穏ではない占有，公然ではない占有――も引き継ぐことになる。もちろん，Bは，自分の占有だけを主張することもできる（187条1項）。

たとえば，Xが9年間占有していた甲不動産を，YがXから買って9年間占有したとする。YがXの占有をあわせて主張するときには，Yが占有の始めに「善意・無過失」であったとしても，Xが占有の始めに「善意・無過失」でないと，「善意・無過失」の占有とはならないので，10年の時効を主張することはできない（162条2項参照）。この場合，Yは，もう1年経った時点で，自分の10年間の占有だけに基づいて，時効取得を主張することになろう（6.6参照）。

10.5　占有の観念化

以上，見てきたように，占有は，占有者の物に対する事実的支配を基礎とするものではある。しかし，たとえば，10.2.2で見たように，現実に物を支配していない賃貸人に占有が認められたり，10.4.1で見たように，物が現実に動かなくても，引渡しがあるとされたり，占有の相続が認められたりと，占有は，かなり観念化されている。

10.6　占有物の返還にまつわる問題

たとえば，Cは，Bから購入した山林を占有していたところ，Bは，まったくの無権利者であることが判明し，真の所有者であるAから山林の返還請求を受けた。なぜ，このようなことが生じてしまったのか，皆さんは，いろいろとストーリーを考えてほしい。それはさておき，このとき，占有者であるCは，占有している物自体である山林を返さなければならないのは当然であるが，山林を返せば，それでおしまいかというのがここでの問題である。たとえば，占有期間中に，C が樹木を伐採して売却代金を得ていた場合，その代金も A に返さなければならないのか，逆に，C が山林の手入れのために費用をかけた場合，その費用は A から返してもらえるのか等の問題がある。これらの問題は，占有に由来することから，第 188 条以下の占有権の効力の節に規定されている。

10.6.1 果　　実

第 189 条第 1 項は，「善意の占有者は，占有物から生ずる果実を取得する」と規定している。したがって，占有者が，善意占有者である場合――自分に所有権があると信じていた場合――には，占有期間中に取得した果実を返還する必要はない。果実であれば，天然果実でも，法定果実（7.2.3 参照）でも，適用がある。したがって，前述した例では，C が善意占有者である場合には，C は，樹木の売却代金を返還する必要はない。

果実は，本来は，所有者に代表されるように果実収取権者――いまの例では A――に帰属する（89 条）。したがって，正当な権原に基づかない占有者（C）は，本来ならば，果実収取権者（A）に樹木の売却代金を返還しなければならないはずである。しかし，善意の占有者による事実的支配を尊重し，また，占有者は占有物に対して費用を投下していることから（196 条，10.6.2 参照），第 189 条第 1 項は，例外を定めた。したがって，C は，善意占有者であるならば，樹木の伐採代金を A に返還しなくてもよい。

これに対して，悪意占有者は，残存する果実を返還する義務を負うとともに，果実を消費した場合，過失によって損傷した場合または収取を怠った場合には，果実の代価を返還する義務を負う（190条1項）。

ところで，第189条第2項は，「善意の占有者が本権の訴えにおいて敗訴したときは，その訴えの提起の時から悪意の占有者とみなす」と規定する。いまの例では，Cは善意占有者であっても，Aが提起した訴訟で敗訴した場合には，Aの訴え提起時から悪意占有者とみなされる。そこで，訴え提起後に生じた果実については，第190条第1項が適用され，返還を免れないことになる。

【不当利得法との関連】

善意占有者は，第189条第1項によれば，一切，果実を返還しなくてよいのに対して，不当利得を定めた第703条によると，果実が残っている場合には，残っている限りで返還しなければならない。そこで，どちらが適用されるかが問題となる。これは，不当利得法の解釈に関わる問題であるので，ここでは問題提起にとどめたい。しかし，いまの例のACのように契約関係にない者の間では，第703条，第704条の特則として，第189条，第190条が適用されるということでは，見解の一致を見ているといってよいだろう。

ところで，同じく不当利得といっても，いまの例のACのように契約関係にない者の間で問題になる場合もあれば，契約関係にあったところ，契約が無効だったり，取り消された者の間で問題になる場合もある。この2つの場合を，ともに，第703条，第704条で処理すべきか否かは，不当利得法における大問題であり，不当利得法において学んでほしい。ただ，新法は，第121条の2において，後者は，第703条，第704条の問題ではないとの立場に立つことを明らかにしたということだけは述べておきたい。

10.6.2 費　用

占有者（C）は，占有中に占有物に対して投下した費用を，占有回復者（A）から返してもらえるかという問題がある。占有者は，その物の保存のために支出した金額その他の必要費を回復者から返してもらうことができる（196条1項本文）。必要費は，本来，回復者である本権者が負担しなければならないものなので，善意・悪意を問わず，占有者は返してもらえる。ただし，占有者が果実を取得したときは，通常の必要費は「占有者の負担に帰する」（196条1項但書）。すなわち，返してもらうことはできない。

これに対して，有益費は，有益費を支出したことによって生じた占有物の価格の増加が現存する場合に限って，返してもらえる。返してもらえる額は，支出した金額あるいは現存する増価額のうち，回復者が選択したほうである。結局のところ，どちらか少ない方ということになろう。有益費も，必要費と同様，占有者は，善意・悪意を問わずに返してもらえる。ただし，悪意の占有者については，回復者が請求した場合には，裁判所は，その返還に猶予を与えることができる（196条2項但書）。

10.6.3 占有物の滅失・損傷

占有中に，目的物が滅失したり，損傷した場合の扱いについては，第191条が定めている。

すなわち，占有者の責に帰すべき事由によって，目的物が滅失したり――たとえば，占有者が失火によって目的物である建物を消失させてしまった場合――，損傷した場合には，善意の自主占有者は，滅失，損傷によって現に利益を受けている限度――たとえば，占有物を滅失した第三者から賠償金を受け取った場合には，その賠償金額の限度――で賠償義務を負うのに対して，他主占有者と悪意の自主占有者は全損害の賠償義務を負う。他主占有者は，他人の物を占有している関係にある以上，たとえ，自分に権原――たとえば賃借権――があると信じていた場合であっても，占有に際しては，自分の物を占有しているのに比べて高い注意義務が課されて当然という理由による。

10.7　占有自体の保護――占有の訴え

10.7.1　種　　類

ある人が，その占有を他人によって侵害された場合，占有者は，占有の訴えによって，侵害者から自分の占有を守ることができる。このように，占有の訴えは占有自体を保護する制度であり，物権的請求権（9.3 参照）と同様，その本体は実体法上の請求権である。占有の訴えには，占有侵害の態様に応じて，9.3 で述べたように，3 種類ある。すなわち，占有回収の訴え（200 条），占有保持の訴え（198 条），占有保全の訴え（199 条）である。

占有回収の訴えは，占有を奪われた占有者が，物の返還を求める訴えである。自宅の庭先に止めていた自転車を無断で持ち去られた A が，持ち去った B に対して自転車の返還を求めるときのように，主に，動産が持ち去られた場合に問題となる。

占有保持の訴えは，占有を妨害された占有者が，その妨害の停止を求める訴えである。たとえば，A が占有する土地に電力会社が勝手に電柱を立てた時，A が電力会社に対して電柱の撤去を請求する場合が，その例である。

占有保全の訴えは，占有を妨害されるおそれのある占有者が，その妨害の予防措置を求める訴えである。たとえば，Aが占有する家屋の屋根に，隣のビルの看板が落っこちそうなときに，Aが隣のビルの所有者であるBに落下防止措置を請求する場合が，その例である。

なお，占有の訴えは，物権的請求権とは異なり，期間制限がある（201条）。たとえば，占有回収の訴えは，占有を奪われてから1年以内に提起しなければならない（201条3項）。

10.7.2 当 事 者

占有の訴えの原告は，占有者である（197条）。占有を基礎づけている権原の有無は問わないので，泥棒でもよい。なお，賃借人のような他主占有者も占有者であるから（10.2.2参照），第197条後段にある「他人のために占有をする者も，同様とする」という規定は，注意的規定である。なお，占有補助者は，占有者ではないので，原告にはなれない。

占有の訴えの被告は，現に，占有を侵害している者であればよい。したがって，真の所有者に対して占有の訴えを提起することも可能である。また，侵害についての故意・過失は必要ではない。ところで，第198条，第199条，第200条第1項によれば，占有者は，占有の回復の他に，損害の賠償や損害賠償の担保も請求できる。しかし，損害賠償に関する事項は，不法行為に含まれるべきものであるので，損害賠償等を請求するためには，被告に故意・過失が必要である。

【占有の交互侵奪】

占有侵奪の応酬，すなわち，占有の交互侵奪があった場合に，どのように考えるかという問題がある。

たとえば，YがAから借りていた自転車をXが盗んで乗り回していた。この自転車を見つけたYは，鍵がかかっていなかったのを幸いに，自宅に乗って帰った。しばらくして，Xが，Yに対して，この自転車の返還を求めて，占有回収の訴えを起こした（図21）。

この場合，まず，XがYの占有を侵害し，次に，YがXの占有を侵害している。そこで，たとえ，Xの請求を認めても，Yは，Xに盗まれてから1年以内であるならば，Xに対して占有回収の訴えを提起できる。すると，XのYに対する占有回収の訴えは無駄になるので，学説は，訴訟経済上，Xによる占有侵害から1年以内は，Xによる占有回収の訴えの提起は認めるべきでないという見解が有力である。このように考えると，Xによる占有侵害から1年間は，Yの自力救済を認めることになる。この問題は，結局のところ，自力救済の許容範囲はどこまでかという問題に行き着くことになる。なお，損害賠償についてではあるが，大判大正13年5月22日民集3巻224頁は，Xの請求を認めた。

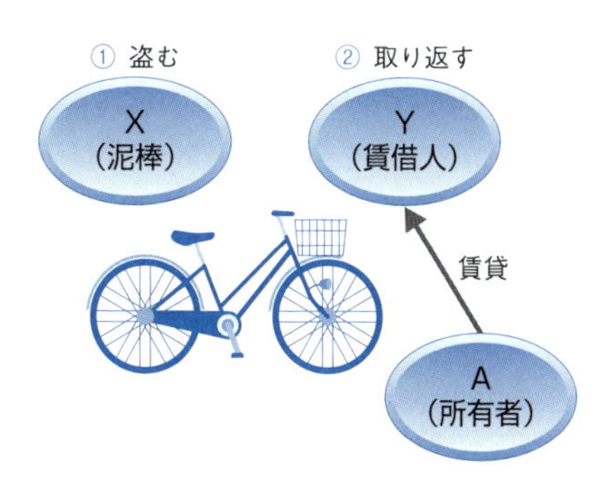

図21

10.7.3 本権の訴えとの関係

占有者は，本権すなわち占有を基礎づける権原を有している場合もあれば，逆に，泥棒のように有していない場合もある。そこで，占有の訴えを提起する側が本権の訴えを提起できる場合もあれば，逆に，占有の訴えを提起する側が本権の訴えを提起される側である場合もあり，占有の訴えと本権の訴えの交錯が生じる。

(1) 占有権と本権が同一人に帰属する場合（図22）

X が自分の自転車を自宅の庭先に止めていたところ，Y が，この自転車を持ち去った場合，X は，Y に対して，所有権に基づく返還請求訴訟，占有回収の訴えのうち，どちらを提起しても，両方を同時に提起しても，あるいは，一方で敗訴したら，他方を提起してもよい。それが，第 202 条第 1 項が規定する「占有の訴えは本権の訴えを妨げず，また，本権の訴えは占有の訴えを妨げない」が意味しているところである。なお，この規定は，実は，民事訴訟法における訴訟物理論にまたがる難問を含んでいるが，問題の所在は民事訴訟法に譲ることにする。

このように，占有権と本権が同一人に属している場合には，占有の訴えの実益はあまりない。というのは，占有の訴えは本権の訴えに比べて，その手続が簡易なわけではなく，また，迅速な救済は仮処分という保全手続に委ねられているからである。

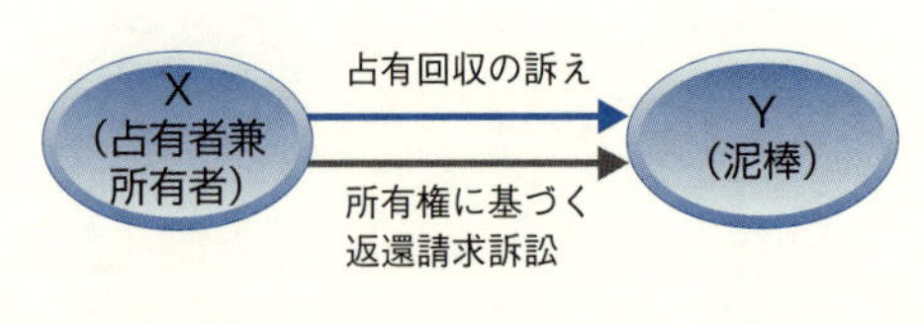

図22

(2) 占有権と本権が別人に属する場合（図23）

たとえば，Yは，Xに盗まれた自転車を，Xの庭先で見つけたので，自宅に持ち帰った。この場合，そもそもXがYに対して占有回収の訴えを提起できるのか否かという問題はおいておくとして（10.7.2参照），XがYに対して提起した占有回収の訴えにおいて，Yが「自分は所有者である！」ということを主張すると，Xの請求は斥けられるかという問題がある。この問題について，第202条第2項は，「占有の訴えについては，本権に関する理由に基づいて裁判をすることができない」と定めている。この意味するところは，裁判所は，Xの占有回収の訴えを，Yに所有権があることを理由として斥けてはならないということにある。したがって，Yは，Xが提起した占有回収の訴えにおいて，自分が所有者であることを主張してもムダということになる。

しかし，Yは，別訴で，Xに対して，所有権に基づく返還請求をすることは妨げられない。さらに，判例は，Yは，Xから起こされた占有回収の訴えの中で，所有権に基づく返還請求訴訟を提起することもできるとしている（最判昭和40年3月4日民集19巻2号197頁）。このように，訴訟の継続中に同じ手続で被告が原告に対して提起する訴訟を反訴という（民訴146条）。反訴の提起が認められると，原則として，本訴と同時に，審理・判決がなされる。図23の例では，本訴ではXが，反訴ではYが勝訴となるので，「YはXに自転車を引き渡せ」「XはYに自転車を引き渡せ」という矛盾し

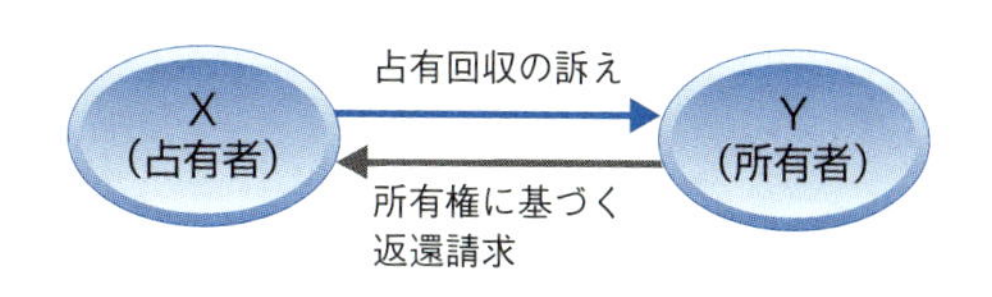

図23

た判決が出る。さて，その先は，どうなるのか？ 疑問を提起しておきたい。

実は，第202条は，占有の訴えという簡易・迅速な訴訟形態を想定してのものであった。もし，このような特殊な訴訟形態が認められていれば，「YはXに自転車を引き渡せ」という占有の訴えの判決が先に出るので，まず，この判決によって，侵害された事実状態を是正し，その後で出される「XはYに自転車を引き渡せ」という判決によって，Yの本権の保護を図ることが可能となっていたはずである。

10.7.4 占有の訴えの存在理由

占有の訴えの存在理由としては，まず，乱された秩序を回復し，社会秩序の維持を図るということが挙げられる。しかし，この存在理由を果たすためには，占有の訴えが乱された秩序を速やかに回復する制度でなければならない。しかし，10.7.3で述べたように，現在，占有の訴えは，そのような制度とはなっていない。結局のところ，占有の訴えの存在理由は自力救済の禁止に求めるしかないようである。

第11章　物権変動

11.1　はじめに

物権変動とは，日常会話には出てこない言葉であるが，具体的には，所有権，地上権，抵当権等の物権を取得したり，失ったり，あるいは，その内容を変更することをいう。物権変動の原因はさまざまである。たとえば，所有権の取得を例に取ると，売買や贈与によって，前所有者から譲り受ける（承継取得）ことがもっとも多いだろうが，同じく，承継取得であっても，相続によることもある。また，新築や時効によって原始取得する場合もある。

ここでは，まず，不動産について，物権変動において何が問題となるか，それに対する日本法がとっている解決法について説明した後，動産について，不動産との差異を中心に説明することにする。

11.2　不動産の物権変動

A所有の甲不動産について，AB間で売買契約が締結された。

この売買契約から，買主（B）は，売主（A）に対して，甲不動産の引渡しや登記の移転，もっと根本的には所有権の移転を請求する債権を取得し，他方，売主（A）は，買主（B）に対して，代金の支払いを請求する債権を取得する。引渡しや登記の移転には，売主の行為が必要となるのは直感的にわかると思う。それでは，所有権の移転は，どうであろうか？ 自分の所有物について売買契約を締結した売主が買主に所有権を移転するためには，何をしなければならないのだろうか。売主による所有権移転債務の履行とは何を意味するのだろうか？ ここに，債権の発生原因である売買契約と物権である所有権の移転の関係が問題となる。問題は，以下のように整理できる。

① 何をすれば所有権が移転するか？
② 所有権は，いつ，売主から買主に移転するか？
③ 買主が所有権の取得を第三者に主張するためには何が必要か？

以下，①〜③について，順次，検討することにする。

11.2.1 何をすれば所有権が移転するか？

(1) 所有権移転――広義にいえば物権変動――に関する２つの立法例

所有権移転に関する立法例としては，ドイツ法とフランス法が顕著な対立を示している。

まず，ドイツ法においては，売買契約は，文字通り，当事者間に債権・債務を発生させるだけである。所有権の移転（物権変動）が生ずるためには，原因たる行為（売買契約）とは別に所有権移転だけを目的とする法律行為（物権行為）＋登記を必要とする。なお，原因たる行為は，物権行為に対して，債権行為とよばれている。そして，登記という形式を備えないと所有権は移らないとするシステムを「形式主義」という。まとめると，ドイツ法は，物権行為の独自性＋形式主義ということになる。

これに対して，フランス法は，売買契約だけで所有権が移転するという立場をとっている。このように契約（当事者の意思）の効力として所有権が移転するシステムを**意思主義**という。フランスも登記制度を持っているが，所有権の移転のためには登記の移転を受ける必要はない。すると，登記の機能はどこにあるのだろうか。フランス法においては，登記は所有権を第三者に対して主張するために必要であり，登記は所有権移転の**対抗要件**といわれる。

【物権行為の無因性】

ドイツ法においては，物権行為について無因主義を採用している。すなわち，原因行為が何らかの理由によって効力を失っても，物権行為は何らその影響を受けない。たとえば，売買契約が取り消されて効力を失っても，物権行為の効力は失われないので，買主が所有権を失うことはなく，売主は，買主に対して「所有権を返せ！」という不当利得返還請求権を取得するにすぎない。これに対して，フランス法においては，原因行為たる売買契約によって所有権の移転が生ずるので，売買契約が効力を失えば，所有権は移転しないことになる。すると，買主から所有権を取得した転得者が登場した場合を考えると，転得者は，ドイツ法では，所有者と取引しているが，フランス法では，無権利者と取引していることになり，ドイツ法の方がフランス法よりも，取引の安全に資することになる。

---

(2) 日本法の状況

日本法は，物権変動のシステムはフランス法にならった。

まず，①の問題について，日本法は，第 176 条において「物権の設定及び移転は，当事者の意思表示のみによって，その効力を生ずる」と定めて，意思主義の原則を表明している。しかし，フランス法は，売買契約によって所有権は移転するという明文の規定を持っているのに対して，日本法は，物権の設定及び移転は，当事者の意思表示によって効力を生ずると定めているだけである。すなわち，日本法は，条文からは，ドイツ法のような形式主義を採用しないということは明らかであるが，第176条の意思表示の解釈によっては，ドイツ法のように，契約とは別に物権行為が必要であるという解釈，言葉を換えると，物権行為の独自性を肯定する解釈も成り立ちうる。しかし，現在，判例および学説ともに，第176条にある意思表示は，売買のような債権発生をも目的とする意思表示で足りるとする。すなわち，売買契約によって，所有権移転が生じるというわけである。

11.2.2 所有権の移転時期
——所有権は，いつ，売主から買主に移転するか？

第176条からは，売買契約があれば，それによって，ただちに，所有権は移転すると解するのが素直である。判例は，この立場に立つが，特約を結んだ場合には，所有権の移転時期を遅らせることができると解している（最判昭和33年6月20日民集12巻10号1585頁，特約のある場合について最判昭和35年3月22日民集14巻4号501頁）。かつての通説も，このように解していた。

しかし，売買契約だけでただちに所有権が移転する，まだ，代金も支払っていない，登記も移転していないにもかかわらず，所有権が移転するというのは，特に不動産の場合には，一般の常識に反する。そこで，契約の時に所有権が移転するという特別の意思表示がない限り，後になされる登記，引渡しあるいは代金支払いのいずれかがあることによって，所有権が移転するとの考えが有力に主張されるようになった。

さて，これら2つの考え方は，時点こそ違うが，ある時点で所有権が移転すると考えるものである。これに対して，まったく異なる発想法に立つものがある。すなわち，**なし崩し的所有権移転説**とでもよぶべきものであって，所有権移転の時期をある一点に確定することは実益がないとする学説である。この学説は以下のように説く。

所有権というのは，様々な権能——たとえば，危険負担，果実収取権，第三者の侵害に対する妨害排除請求権——の束にすぎない。すると，売買契約の前には，所有権——様々な権能の束——は売主にあり，売買契約の履行が終了すると買主に移ることには異論がない。しかし，その中間のプロセスにおいては，個々の権能が徐々に売主から買主に移る，比喩的にいうと所有権がなし崩し的に移るのであって，その間の一点をもって所有権の移転時期とするのは意味がないとする。

なし崩し的所有権移転説は，非常に魅力的ではある。ただ，これによると，売買のプロセス中においては，所有権の所在が空白となってしまうため，これをどのように説明するのかという基本的な問題が残る。

さて，今まで述べたこれらの考え方は，売買契約の成立時に所有権が移転するのは是か非かという問題の立て方をしている。これに対して，もっとも新しい考え方は，そもそも，売買契約の成立時期は，いつなのかを問題としている。契約の成立時期をめぐる問題は，主に契約で扱われるので，ここでは，問題の提起にとどめたい。

11.2.3 所有権の取得を第三者に主張するための要件は何か？

(1)「対抗できない」とは？

11.2.1 で述べたように，フランス法およびそれを継受した日本法においては，所有権は意思表示だけで移転する。しかし，このようにして取得した所有権を第三者に対抗する，もう少しかみくだいた表現を用いると，第三者に対して「自分が所有権者である！」と主張するためには，登記が必要である。登記は対抗要件であり，売買契約が成立すれば，原則として，不動産の所有権は売主から買主に移転するが，買主が取得した所有権を第三者に対して主張するためには登記を必要とする。そのことを定めたのが第 177 条である。同条は「不動産に関する物権の得喪及び変更は，不動産登記法（平成 16 年法律第 123 号）その他の登記に関する法律の定めるところに従いその登記をしなければ，第三者に対抗することができない」と定めている。

しつこいようだが，第 177 条によると，第三者に対して物権変動を主張（対抗）するためには登記を必要とする。このように登記を経由しないと，物権変動を主張できない第三者の典型例は二重譲受人である。そして，第 177 条が意味するところは，以下の通りである。

たとえば，図 24 にあるように，A は，自分が所有している甲不動産について，B との間で売買契約を締結したが，その後，C との間でも売買契約を締結した。これが二重譲渡であり，B にとって C は，逆に，C にとって B は，二重譲受人である。この場合，B，C ともに登記を得ていない段階では，BC の間では，2 人とも，相手方に対して，自分が所有権者であることを主張することはできない。しかし，もし，C が先に登記を得れば，C の所有権の取得が確定し，

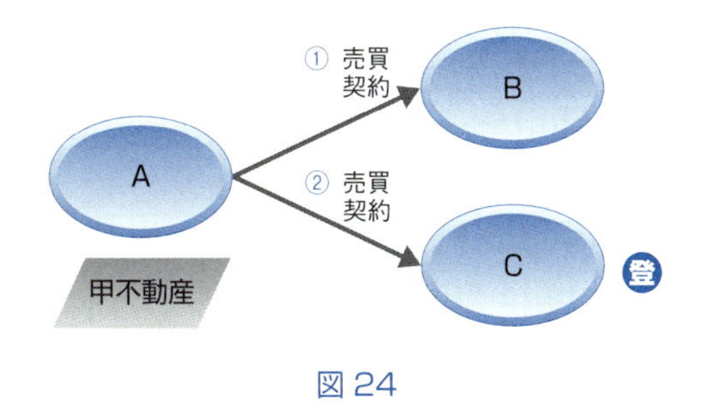

図 24

Bは所有権者でないことが確定する。すなわち，BC間においては，売買契約の先後にかかわらず，先に登記をしたほうが勝つというわけである。

(2) 二重譲渡は可能？！

ここまで読んできた皆さんは，だまされたような気分ではないだろうか。というのは，一個の物には一個の所有権しか存在できない（一物一権主義）（8.3参照）ということと，原則として，売買契約が成立すると所有権は売主から買主に移転する（11.2.2参照）ということから，素直に考えると，二重譲渡は不可能なはずだからである。というのは，Aが，Bとの間で売買契約を締結したら，所有権はBに移転するので，その時点で，Aは無権利者となってしまっているはずである。そのようなAが，なぜ，Cにも所有権を移転できるのか，Cの所有権取得を説明することができないからである。

二重譲渡がなぜ可能なのかをめぐっては，学説上，大きな争いがあり，いろいろな説明がなされている。代表的なものとしては，AからBに所有権が移転しても，Bが登記を備えるまではBの所有権は完全ではない。逆にいうと，Aには何らかの処分権限が残っているというものである（不完全物権変動説）。また，「そうなっているのです！」といって，説明は不要だとする考え方もある。この考え方は，要に，民法が第176条と第177条を定めている以上，二重譲渡が認められるシステムを採用しているというものである。11.2.2で見たなし崩し的所有権移転説が所有権の移転時期について議論する意義はないとするのと同様に，この考え方も，二重譲渡がなぜ可能なのかについて説明する意義はないとするものである。

(3) 対抗要件主義の意義

第177条は，以下のような機能を果たしている。

図24では，BはAから甲不動産を購入し，登記ができる状態にありながら登記をせずに放置していた。すなわち，Bが自己の権利の擁護を怠っていたのだから，Cに対してその権利を主張することはできず，Cが先に登記を取得すると確定的に権利を失う。BC間は自由競争の原理による早い者勝ちであり，物権取得者は，登記の義務はないが，登記しないと権利を失ってしまう可能性があるということから登記が促進される。

また，Cから見た場合には，Aと取引するに際しては，登記上に記載されていない物権変動――AからBへの所有権移転――は存在しないものとして行動することができる。Aと取引して，登記を備えれば，後で，Bに「先に所有権を取得したのは私です。あなたが取引したAは無権利者なので，あなたは所有権を取得していない！」といわれる心配はない。この点で取引の安全が保障され，取引の迅速化が図られる。

(4) 公示の原則と公信の原則

繰返しになるが，(3)で述べたように，Cは，Aと取引するに際しては，登記上に記載されていない物権変動――図24ではA

からＢへの所有権移転——は無視して行動することができる。登記上に記載されていない物権変動の効果を認めると，第三者が害されるおそれがあるからである。物権変動がある以上は，これを登記に反映させ，広く第三者に物権の所在を示す。これが「**公示の原則**」であり，登記上に記載されていない物権変動の効果を認めると「公示の原則」は台無しになってしまう。したがって，「公示の原則」の下では，物権変動があっても，それが登記に反映されていない場合には，当該物権変動は存在しないものとして取り扱うことになる。

このように，「公示の原則」の下では，登記がない物権変動は，たとえ，現実には存在しても，存在しないものとして扱ってよい。しかし，気をつけなければならないのは，逆に，現実には存在していないにもかかわらず，登記されている物権変動を本当に存在するものと信じて行動しても保護されないということである。この場合，逆に，保護されるというのが「**公信の原則**」である。「公信の原則」の下では，虚偽の登記であっても，それを信頼して取引をした者は，真に権利が存在したのと同じように保護される。そして，登記にこのような効力が与えられている場合，この効力を「公信力」という。

登記に公信力が与えられていると，以下のような結果が導かれる（図 25）。Ａの所有する甲不動産の登記をＢが勝手に自分名義に移し，これを自分の不動産としてＣに売ったとする。Ｃは，Ｂの登記を信頼して，Ｂは所有権者だと信じてＢと取引した。

この場合，登記に公信力があると，Ｃの信頼は保護され，Ｃは所有権を取得し，その半面，Ａは所有権を失ってしまう。ドイツ・スイスでは登記に公信力が与えられているが，フランス・日本では，登記に公信力は与えられていない。しかし，3.4.2（5）の 3. で述べたように，日本においては，第 94 条第 2 項の類推適用を通じて，

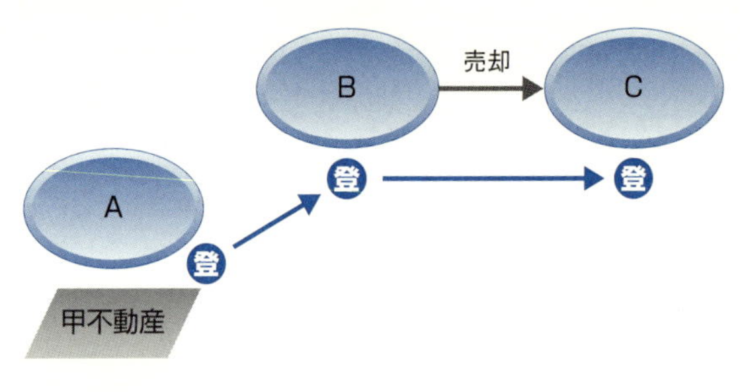

図25

あたかも登記に公信力が与えられたと同様の結果が導かれることがある。

(5) 登記制度

1. 登記簿

日本においては，登記については，不動産登記法が定めている。日本では，土地と建物は別個の不動産であり，登記も，別々に行われる（不登2条5号）（7.2.1参照）。

登記簿は，かつては，紙である登記用紙をバインダーで綴じたものであったが，現在は，コンピュータ化され，磁気ディスクによって作成されている。日本では，不動産ごとに登記記録とよばれる一つのファイルを設ける物的編成主義をとっている。これに対して，人ごとに一つのファイルを設ける人的編成主義をとっている国もある。

サンプル（240頁）は土地登記であるが，建物登記も，だいたい同様の体裁をとっている。サンプルを見ながら，読んでほしい。

一つのファイルは，表題部・権利部に分かれており，権利部は，さらに，甲区・乙区に分かれている。表題部は，その登記記録がどの不動産に関するものかを表示するための記載がなされるところである。土地には境目がないから人為的に分割して，それぞれに地番をつけて登記記録を作ることになる。権利部の甲区には所有権に関する事項が，権利部の乙区には所有権以外の権利――サンプルでは抵当権――に関する事項が記載される。

登記は公示を目的とする制度だから，手数料を払えば，誰でも閲覧することができる。ただ，登記簿が磁気ディスクになった現在，登記簿の閲覧ということはありえない。そこで，閲覧に代えて「登記事項要約書の交付」，登記簿抄本・謄本の交付に代えて「登記事項証明書の交付」が行われている。

2.　登記手続

サンプルでは，千都華子から河添蘭子への所有権移転登記，河添蘭子による東西銀行のための抵当権設定登記がある。これら権利の登記は，原則として，当事者の共同申請――所有権移転登記は千都華子と河添蘭子，抵当権設定登記は河添蘭子と東西銀行――によって行う（不登60条）。ただし，相続による場合と判決による場合は，単独で申請できる（不登63条）。

3.　仮 登 記

仮登記は，将来行われるかもしれない本登記の順位を保全するために予め行われる登記である（不登106条）。どのような場合に仮登記ができるかについては，不動産登記法第105条が定めており，ここでは，同法第2号に即して説明することにする。

いま，Aの所有する甲土地について，AとBとの間で売買契約の予約を行ったとする。単に，予約を行っただけでは，後に，Aが，Cに，甲土地を売却して，登記も移転してしまえば，それでおしまいである。Bは，甲土地を手に入れることはできなくなる。それでは，仮登記をしていれば，どうなるだろうか。ここでは，不動産登記法上の手続的なことは無視して，考え方の筋道だけを説明す

登記事項証明書（土地）の例

様式例・1

表　題　部　（土地の表示）		調製	余　白	不動産番号	0000000000000
地図番号	余　白	筆界特定	余　白		
所　在	特別区東部町一丁目			余　白	
①　地　番	②　地　目	③　地　積　㎡		原因及びその日付〔登記の日付〕	
101番	宅地	300:00		不詳 〔平成20年10月14日〕	
所　有　者	特別区東部町三丁目34番1号　千　都　華　子				

権　利　部（甲区）　（所有権に関する事項）			
順位番号	登　記　の　目　的	受付年月日・受付番号	権　利　者　そ　の　他　の　事　項
1	所有権保存	平成20年10月15日 第637号	所有者　特別区東部町三丁目34番1号 千　都　華　子
2	所有権移転	平成20年10月27日 第718号	原因　平成20年10月26日売買 所有者　特別区西部町一丁目10番5号 河　添　蘭　子

権　利　部（乙区）　（所有権以外の権利に関する事項）			
順位番号	登　記　の　目　的	受付年月日・受付番号	権　利　者　そ　の　他　の　事　項
1	抵当権設定	平成20年12月15日 第837号	原因　平成20年12月13日金銭消費貸借同日設定 債権額　金3,000万円 利息　年2・60％（年365日日割計算） 損害金　年14・5％(年365日日割計算) 債務者　特別区西部町一丁目10番5号 河　添　蘭　子 抵当権者　特別区南部町三丁目8番3号 株　式　会　社　東　西　銀　行 （取扱店　南部支店）

これは登記記録に記録されている事項の全部を証明した書面である。

平成21年3月27日
関東法務局特別出張所　　　　登記官　　教　立　八　郎

＊　下線のあるものは抹消事項であることを示す。　　　整理番号　D23992　（1／1）　　1／1

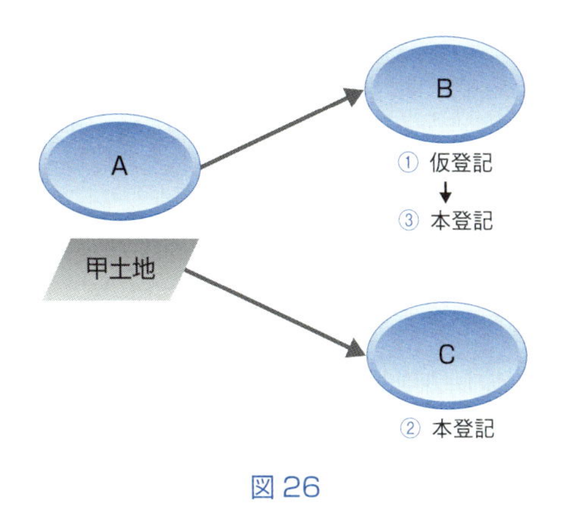

図 26

る（図 26）。

Cの本登記の後に，Bの予約完結権の行使により，売買契約が成立し，Bが本登記をしたときには，不動産登記法第 106 条が定めるように，Bの本登記の順位は，仮登記の順位による。これを仮登記の順位保全効という。すなわち，登記は，Bの仮登記→Cの本登記→Bの本登記の順番で行われているが，Bの本登記はBの仮登記の順位によるので，Bの本登記→Cの本登記の順番で本登記が行われたことになる。したがって，Bは，Cに優先して，甲土地の所有権を取得することができるというわけである。

なお，いま，説明した仮登記の順位保全効を利用した担保方法が仮登記担保である。これは，お金を借りるにあたって，お金を返せない場合には，お金に代えて，担保目的物の所有権を移転することで借金を返したことにするという契約（代物弁済予約）をしておき，債権者が，その所有権移転請求権を保全するために，担保目的物に仮登記をつけておくというものである。現在，仮登記担保は，仮登記担保契約に関する法律（仮登記担保法と略される）によって規律されている。詳細は担保物権法で学んでほしい。

11.2.4 登記がなければ対抗できない第三者の範囲

ここでの問題は，登記をしなければ物権の変動を対抗できない第三者とは，どのような者か，第177条の第三者とは，どのような範囲の者かということである。この第三者の範囲をめぐっては，第三者の客観的な属性と主観的な態様が問題となる。

(1) 客観的な属性

1. 無権利者

ここでの問題は，Cは，登記は持っているが無権利者であるBに対して，自分の所有権を主張するためには登記が必要かという問題である（図27）。換言すれば，無権利者Bは，第177条にいう第三者に該当するか否かということである。もし，該当すると，登記がないCは，Bに対して，所有権を主張できないことになってしまう。

これについて，かつての判例は，無制限説に立って肯定していた。

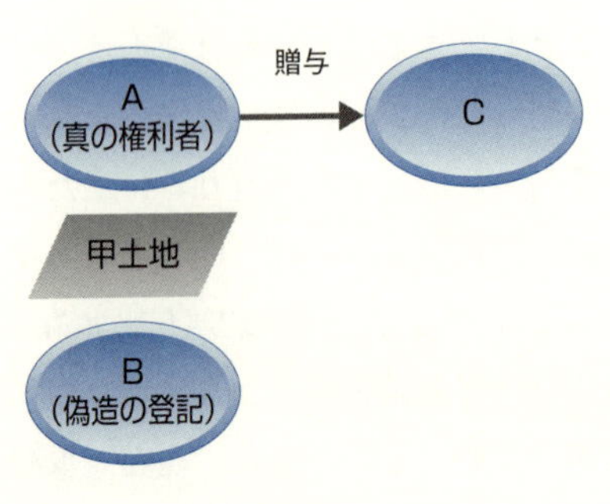

図27

すなわち，第177条の文言には第三者に何の制限も付いていないので，第三者は当事者とその包括承継人以外の者をすべて含むと解していた。しかし，そのように解すると，真の権利者であるCが，事実上，権利を失ってしまうことになっておかしい。そこで，大連判明治41年12月15日民録14輯1276頁は，第三者とは，登記の欠缺を主張するにつき正当の利益を有する者を指すとして制限説をとった。今日では，この制限説が通説・判例となっている。

しかし，問題は，具体的に，どのような第三者に対しては，登記がなくても物権変動を対抗できるかである。この問題については，原則として，二重譲受人に代表されるように，「食うか食われるか」の関係に立つ者が，この第三者に該当するとされる。しかし，次に見るように，「食うか食われるか」の関係に立たない者であっても，第三者に該当するとされる場合がある。

2. 賃 借 人

Aは，その所有に係る建物をCに賃貸していたところ，Bに，その建物を売却した（図28）。

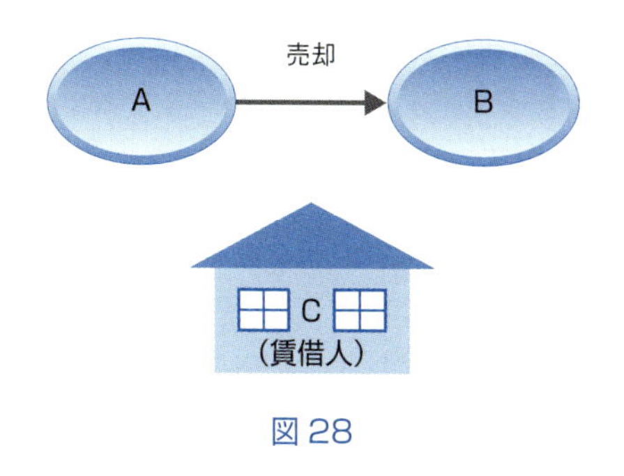

図28

借地借家法第31条によれば，賃借人のCは，建物を占有していれば――建物に住んでいれば――，その借家権を建物の新所有者であるBに対抗できるので，Bは，Cに対して，立ち退きを迫ることはできない。そこで，Bは，Cに対して，賃料の請求をはじめとする賃貸人としての権利を行使したい。このとき，Bは登記が必要か。それが，ここでの問題である。

賃借人Cは，新所有者Bに対して，「Bさん！ あなたは登記がないので，私に対して，自分は建物の所有者，したがって，賃貸人であるという主張はできない。だから，私はあなたに賃料は払わないよ！」と主張できたからといって，賃料支払義務を免れるわけではない。つまり，Cは，誰かには，賃料を支払わなければならない立場にある。Cは，Bの権利を否定することによって，賃料支払義務を免れるわけではないので，ここでのBとCは，「食うか食われるか」の関係にはない。

しかし，判例は，賃借人であるCは第177条の第三者に該当するという（最判昭和49年3月19日民集28巻2号325頁）。したがって，新所有者であるBが，登記を経ないうちに賃料を請求してきた場合には，Cは，「払わないよ！」と言えるとする。しかし，理論的には，これは，第177条の対抗問題ではなく，誰が賃貸人かを確定するCの利益を保護する手法として登記が用いられているだけである。

【不法行為者】

賃借人と同様の問題は，不法行為者にもある。

Aは，Bに，その家屋を売却したが，移転登記を備える前に，Cが，車を激突させて，家屋を壊してしまった。このとき，不法行為

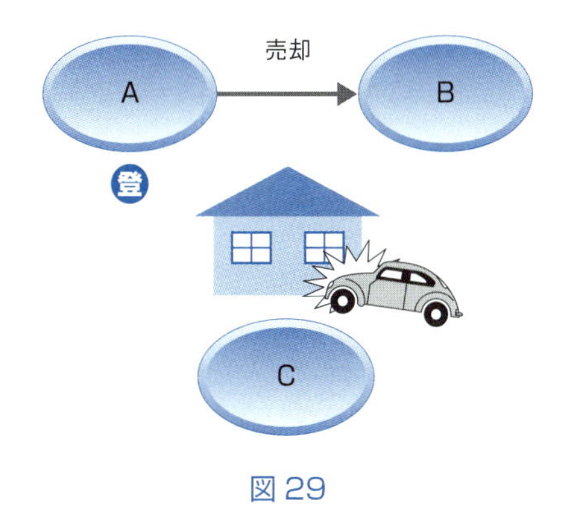

図 29

者のCが，第177条の第三者に該当すると，Cは，Bから，損害賠償請求された時に，「Bさん！ あなたは登記がないから私に所有者だと主張できない。だから，あなたに損害賠償は払わない！」と言えることになる。

しかし，不法行為者のCは，Bに対する支払いは免れても，誰かには払わなければならない立場にある。登記がないことを理由に，Bの所有権を否定したからといって，損害賠償義務を免れるわけではない。この点は，賃借人と同じである。しかし，不法行為者は賃借人とは異なり，第177条の第三者には該当しない（大連判明治41年12月15日民録14輯1276頁）。したがって，図29では，Cは，登記のないBからの損害賠償請求を拒むことはできない。

不法行為者も，賃借人と同様に，誰に賠償金を支払うべきかを明らかにしてもらう利益はある。そうしないと，Cは，賠償金の二重払いのリスクを抱えることになる。しかし，賃借人とは異なり，ABの関係に自分から勝手に飛び込んだ不法行為者Cの二重払いのリスクについては，せいぜい債権の準占有者への弁済（新法では受領権者としての外観を有する者に対する弁済）（新478条）で保護すれば足りると解されている。

(2) 主観的態様

1. 悪 意 者

第177条の第三者については，その主観的態様は問わないのかという問題がある。

この問題について，二重譲渡を例に考えることにしよう。図24において，第二譲受人であるCが，第一譲渡があることを知っていた場合に，Cは，第177条の第三者に該当するかという問題である。Cのように，単に，先行する物権変動の存在を知っているだけの者を悪意者という。

判例は，一貫して，悪意者は第177条の第三者に含まれ，先に登記を備えたCが確定的に所有権を取得するとする。その理由は，2つあると考えられている。一つは，第一譲受人がたとえ所有権を取得していても，第二譲受人が，譲渡人と交渉し，自分が所有権を取得しようとすることは取引社会における自由競争として是認されるべきだというものである。もう一つは，登記を具備していない者に不利益を課すと，物権を取得した者は速やかに登記をするようになり，公示の原則の実現が促進されるというものである。

これに対して，学説は，悪意者は第177条の第三者には含まれないとする悪意者排除説が有力である。その理由は，以下の通りである。一つは，登記が対抗要件であるということは，自らの権利を公示しなければ，第三者に対抗できないということである。なぜ，公示しなければならないかというと，第三者に自分の権利を知らせるためである。とすれば，すでに権利の存在を知っている第三者に対しては，公示は必要ないというわけである。また，もう一つは，どちらが契約を締結するかという段階では，自由競争によって，他人を出し抜くのは許されるが，一方がすでに契約を締結していることを知っていて他人を出し抜くのは，自由競争ではなく，横取りではないかという疑問である。

確かに，有力説が主張するところは傾聴に値すると思うが，もし，悪意者を第三者から排除すると，第二譲受人が登記を具備してから，第一譲受人が，第二譲受人は悪意であったと主張して所有権を争う紛争が起こる可能性があり，すると，登記の機能は著しく弱められることになる。また，登記を具備していなければ，後続の譲受人に劣後するというルールが確立していることで，登記が促進されるとも考えられる。さらに，第177条は，所有権の移転だけではなく，抵当権の設定にも適用される。詳細は担保物権の講義に譲るとして，後者について，悪意者を排除するという結論を採用すると複雑きわまりない事態が生じるし，かつ，この場合には，そもそも，悪意者排除説に違和感を覚える。そこで，第177条の第三者から悪意者は排除されないという判例理論が定着している今日においては，第177条の第三者から悪意者は排除されないとの立場が妥当であろう。

2.　不動産登記法第5条

不動産登記法第5条第1項は「詐欺又は強迫によって登記の申請を妨げた第三者は，その登記がないことを主張することができない」と定めており，「詐欺又は強迫によって登記の申請を妨げた第三者」は，第177条の第三者には含まれない。たとえば，図24で，Bが登記をすることをCが詐欺や強迫で妨げたならば，そのようなCにBの登記の欠缺――Bの登記が欠けていること――を主張させるべきではないので，Cが登記を具備していても，Bは，Cに対して，所有権を対抗できる。

また，第5条第2項によれば，「他人のために登記を申請する義務を負う第三者」も，第177条の第三者には含まれない。同じく図24で，Aから甲不動産を譲り受けたBから登記申請を頼まれたCが，その後，自分もAから甲不動産を譲り受けて，先に，登記を具備したとしよう。Bから登記申請を頼まれていたのに，その義務を果たさずに，ちゃっかり，自分のために登記したCが，Bに対して，「あなたは登記がない！」と主張できないことは明らかであろう。

3. 背信的悪意者

1. で説明したように，判例は，悪意者であっても，第177条の第三者から排除されないとする。しかし，世の中には悪い奴はいるものである。そこで，昭和40年代以降，判例において，不動産登記法第5条に匹敵するような悪い奴――これを背信的悪意者とよぶ――は，第三者から排除されるという背信的悪意者排除の法理が確立された。

たとえば，Aは，所有する山林をYに譲渡したが，Yは，未だ，登記を具備していなかった。そのことに目をつけたXは，Yに，この山林を高く売りつける目的で，Aからこの山林を安値で譲り受けて，先に登記を具備し，Yに，高値での買取りを請求した。しかし，Yが買取りを拒否すると，Xは，所有権は，自分にあると主張して，訴訟に打って出た。

このような事例において，最高裁は，Xが，単に悪意であるだけではなく，Yの登記の欠缺を主張することが信義に反するものと認められる事情がある場合には，このような背信的悪意者は，登記の欠缺を主張するについて正当な利益を有しないものであって，第177条にいう第三者に当たらないと判示して，Xを敗訴させた（最判昭和43年8月2日民集22巻8号1571頁）。

背信的悪意者とは，悪意に信義則違反が加わった者と考えればよい。しかし，信義則自体が一般条項であるために，現在の問題は，いかなる者が背信的悪意者とされるかにある。

11.2.5 登記を要する物権変動

もう，いわずもがなではあるが，第177条は不動産の物権変動の対抗要件として登記を要求している。ここでの問題は，いかなる原因に基づく物権変動が登記をしないと第三者に対抗できないかということである。契約を原因とする物権変動が第177条の適用を受けるのは当然として，それ以外に，どのような原因による物権変動が第177条の適用を受けるのだろうか。

この問題については，一方の極に，2人の世界である債権とは異なり，万人に主張できる物権にあっては，誰でもが，その存在を認識できるように，すべての物権変動が登記されることが望ましいという立場が考えられる。この立場によれば，いかなる原因に基づくものであっても，物権変動は，すべて，第177条の適用を受けるという結論に至る。かつて，起草者は，そのように解しており，判例も，そのように判示している（大連判明治41年12月15日民録14輯1301頁）。これに対して，他方の極には，第177条は，本来，意思主義に関する第176条との関連において存在する規定であり，第177条は，契約に代表されるように意思表示を原因とする物権変動に限るという立場も考えられる。

しかし，そのように割り切れるものではなく，結局のところ，どのような原因による物権変動について対抗要件たる登記を必要とするかは，各物権変動について個別に考察する必要がある。

しかし，この問題に対する判例の基本的な発想は一貫している。それは，第177条の適用を受けるためには，ある者が自分の取得した物権を登記できる状態にありながら，登記を怠っているという事情が必要であるというものである。物権の取得を相争う両者が，ともに，登記ができる状態にあるからこそ，第177条の自由競争，早い者勝ちのルールを適用できるというものである。

ここでは，その代表である取消しと登記および取得時効と登記に即して説明することにする。なお，このほかに「相続と登記」の問題がある。しかし，「相続と登記」については，相続法の理解が不可欠なために，相続法に譲ることにする。

(1) 取消しと登記

たとえば，17歳のAが，親（親権者）に無断で，Bに，祖父からもらった土地を売却したところ，Bは，これをCに転売したという場合，Cは第三者に該当する。3.4.1 (3) の1. で見たように，未成年者が法定代理人である親権者の同意を得ずに行った契約は取り消すことができる（5条）。ここで，取消しとは，はじめに遡ってAの契約をなかったものとすることであるから（121条），論理的には，Bは，一度も，この土地の所有権を取得しなかったことになる。したがって，Cは，無権利者から買ったことになるので，本来なら，この土地の所有権を取得することはないはずである。これは，Cが，Aの取消し前に登場しても，取消し後に登場しても，同じはずである。しかし，判例は，Cが，Aの取消しを基準にして，いつ登場したかによって扱いを異にしている。

① **取消し後の第三者**（図30 I）　まず，CがAの取消し後に登場した場合である。この場合，判例は，第177条を適用し，AとCは，いずれが先に登記をしたかによって，確定的な所有者となるかが決まるという（大判昭和17年9月30日民集21巻911頁）。なぜ，判例は，そのように考えるかというと，前述したように，Aは，取り消した以上，自分に登記を戻すことができる立場にある。Cも，同様に，自分に登記を移すことができる立場にある。したがって，AとCの間では第177条を適用できるというわけである。

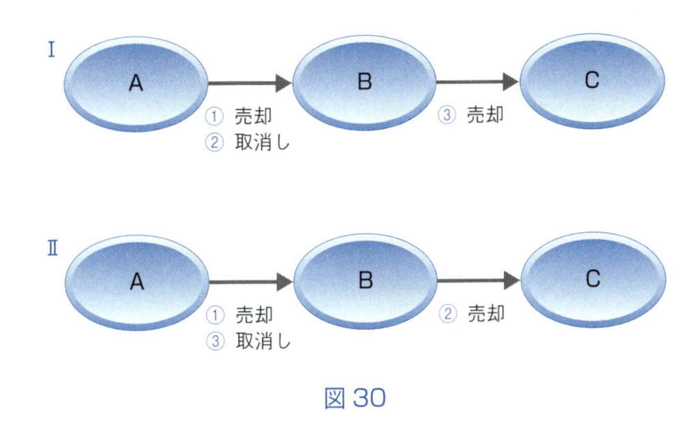

図 30

② 取消し前の第三者（図 30 II）　これに対して，C が，A の取消し前に登場した場合，C は保護されないというのが原則である。というのは，A は，取消し前は，自分に登記を戻すことはできない。したがって，AC 間には，早い者勝ちのルール，すなわち，第 177 条を適用できないというわけである。ただし，詐欺取消し（96 条 3 項）や錯誤取消し（新 95 条 4 項）のように，第三者保護規定がある場合には，C は，例外的に保護される。

この判例の考え方に対しては，それに代えて，さまざまな考え方が提案されている。ここでは，そのうちの代表的なものを一つ挙げておこう。

この考え方は，まず，判例を批判して，次のようにいう。C は，取消し前に登場しようと，取消し後に登場しようと，無権利者からの譲受人であることには変わりがない。それなのに，取消し後に登場した場合には，権利者からの二重譲受人と同様の扱いにするのは論理的におかしい。そこで，取消し後に登場した第三者については，A が取り消して登記を除去できるのに放置しておいたことに不実の外観作出の帰責事由を認め，第 94 条第 2 項の類推適用で保護しようと主張する（3.4.2（5）の 3. 参照）。この考え方によれば，C が保護されるためには，判例とは異なり，少なくとも，B が権利者であることを信じたことが必要である。

（2）取得時効と登記

時効による所有権の取得を第三者に対して主張するには，登記が必要かという問題である。

A の土地を B が善意・無過失で 10 年間占有したとする。この場合，B は，この土地の所有権を取得する（162 条 2 項）。このとき，B が A に対して，時効による所有権の取得を主張するには，登記は不要である。取得時効は売買のような承継取得ではなく，原始取得ではあるが，B が A から土地を譲り受けたときのように，AB は対抗関係とはならない。

それでは，ここに，第三者 C あるいは D が登場した場合にはどうなるだろうか。まず，判例のルールを説明する（図 31）。

①　時効完成前に A から土地を譲り受けた C に対しては，時効完成時の土地の所有者は C なので，B が C から土地を譲り受けたときのように，B，C は対抗関係とはならず，B は，登記がなくても，時効による所有権の取得を主張できる（大判大正 7 年 3 月 2 日民録 24 輯 423 頁）。

②　逆に，時効完成後に，A から土地を譲り受けた D との関係

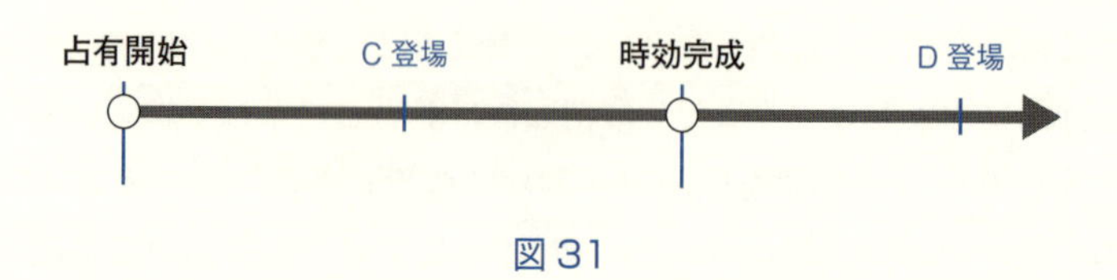

図 31

では，Aからの二重譲渡の関係になり，Bは，時効による所有権の取得を主張するためには登記が必要である。すなわち，Dが先に登記をすれば，Bは，時効による所有権の取得は主張できない（大連判大正14年7月8日民集4巻412頁）。

③ ただし，②の場合，Bは，Dの登記後，さらに，10年あるいは20年の間占有を継続すれば，Dに対して，登記がなくても，時効による所有権の取得を主張できる（最判昭和36年7月20日民集15巻7号1903頁）。

このように，同じく第三者であっても，時効完成前に登場したか，完成後に登場したかによって，判例は扱いを異にしている。判例の基礎にある考え方は，前述したように，第177条の適用を受けるためには，ある者が自分の取得した物権を登記できる状態にありながら，登記を怠っているという事情が必要であるというものである。すなわち，時効が完成するまでは，Bは登記ができない以上，時効完成前に登場した第三者Cに対しては，登記がなくても時効による所有権の取得を主張できる。これに対して，時効が完成すると登記が可能になった以上，時効完成後に登場した第三者Dとの間は，第177条が適用される，Bは，登記がなければ，Dに対して，時効による所有権の取得を主張できないというものである。

しかし，一定期間継続した事実関係の保護という時効制度の趣旨からすれば，占有期間が長くなればなるだけそれだけ厚く法的な保護が受けられてしかるべきはずである。しかし，判例理論を基礎にすると，より短い期間しか占有していない者のほうが保護されることになる。たとえば，図31を見ればわかるように，Bは時効期間経過以前に登場したCに対しては，登記がなくても時効取得を主張することができるのに対して，時効期間を経過した後に登場したDに対しては，登記なしには対抗できない。さらに，判例理論によれば，時効取得者は，時効の完成と同時に登記をなすべきことになるが，これが可能なのは悪意占有者に限られ，より保護しなければならない善意占有者に対しては，不可能を強いるに等しいことになる。これをどのように解決すべきかは難問であり，現在においても，決着はついていない状況にある。

【取得時効と登記に関する学説の考え方】

取得時効と登記に関しては，従来，以下のような対極にある2通りの考え方があった。

ア　登記尊重説ともよぶべき考え方　　この考え方は，時効による所有権の取得も登記しなければ第三者に対抗できないという前提を貫くので，Bは，時効完成前に登場したCに対しても，時効取得を主張するには登記が必要であるとする。しかし，Bは，Cの登記後，さらに，時効完成に必要な期間，占有を継続すれば，登記がなくても，時効取得を主張できるとする。この考え方は，結論において，登記を時効の中断事由と解することになる。

イ　占有尊重説ともよぶべき考え方　　この考え方は，時効による所有権の取得を主張するには登記は不要であるとする。また，この考え方と同じ結論となる考え方に，時効期間の逆算を認める考え方がある。この考え方は，時効取得者は，時効による所有権の取得を主張する時点を時効完成時とすることによって，図31を見てもらえばわかるように，時効取得を主張する相手方は，常に，時効完成前の第三者となるので，登記がなくても，時効取得を主張できるということになる。この考え方は，時効の起算点を占有開始時点ではなく，時効完成時から時効完成に必要な占有期間を遡った時点とするものである。なお，判例は，時効の起算点を時効完成時から逆算することは認めていない（最判昭和35年7月27日民集14巻10号1871頁）。

しかし，ア，イいずれの説も一長一短がある。たとえば，アについては，以下のような批判がある。すなわち，民法においては，時効の中断事由は，真正権利者から占有者に直接向けられた権利主張または占有者による無権利の承認に限られている。したがって，登記を時効の中断事由とすることには無理がある。また，イについては，一度，時効完成に必要な占有期間が満了すると，以後，当該不動産については登記がまったく機能しなくなってしまうという不都合がある，と。

そこで，この両説に対して，取得時効と登記については，時効が主張される局面に応じて類型的に扱いを異にしていこうという考え方もある。すなわち，取得時効と登記が問題となる紛争の多くは，図24のような二重譲渡において，Bが占有は始めたが未登記であったところ，二重譲受人Cが先に登記を備えたというパターンである。このパターンでは，B，Cの優劣は，本来，第177条によって決せられるので，Cが優先するはずである。したがって，問題は，Bの占有の継続によって，第177条の存在を無にしてよいかにある。

これに対して，境界を越えて他人の土地を占有していた場合に，越えた部分について時効取得が問題となる境界紛争型ともよぶべきパターンがある。このパターンでは，一筆の土地の一部についての時効取得が問題となる。そこで，そもそも，登記は機能しないので，登記なしに時効による所有権取得を対抗できるのではないかという。

類型論は，具体的な場面ごとに時効の機能を明らかにしたという点で評価できる。しかし，いま，紹介した2つの場面でも，いまだ，結論が出ているわけではない。また，類型論の常として，現実の紛争に即して，どこまで，類型をたてられるかという問題を抱えている。

11.3 動産の物権変動

11.3.1 不動産の物権変動との違い

第178条は,「動産に関する物権の譲渡は,その動産の引渡しがなければ,第三者に対抗することができない」と規定する。

動産の物権変動は,不動産の物権変動とパラレルに考えることができる。したがって,動産の物権変動も,不動産の物権変動と同様に,対抗要件を具備しなければ第三者に対抗することはできない。動産の場合,対抗要件は,第178条に定めてあるように引渡しである。10.4.1で説明したように,引渡しには,現実の引渡し(182条1項)だけでなく,簡易の引渡し(同条2項),指図による占有移転(184条),占有改定(183条)がある。このうち,現実に,譲渡人から譲受人に,動産の占有が移るのは,現実の引渡しだけである。したがって,動産物権変動の公示方法である引渡しは,公示方法としては,きわめて不十分であることがわかる。

【第177条と第178条】

第177条は「不動産に関する物権の得喪及び変更」とあるのに対して,第178条は「動産に関する物権の譲渡」と,同じく物権変動の対抗要件を定める規定であるのに,書きぶりが異なる。これは,動産では,所有権以外の動産を目的とする物権のうち,留置権(295条),質権(344条)については,占有の取得は,対抗要件ではなく,権利の成立要件であり,また,動産の先取特権(311条以下)は,引渡しを対抗要件とはしていないからである。

【動産及び債権の譲渡の対抗要件に関する民法の特例等に関する法律】

平成17年（2005年）に，動産物権変動の対抗要件として，新たに動産譲渡登記制度が導入された。ただし，この登記を利用できるのは，法人によってなされる動産譲渡に限定されている（同法3条1項）。また，不動産登記制度は，原則として，日本に存在している土地と建物すべてについて登記簿を作成し，その権利関係を記載するものである。これに対して，動産譲渡登記制度は，ある動産について譲渡があった時に，譲渡人と譲受人が申請して，はじめて，登記がなされるものであり，登記があると，それによって，第178条による引渡しがあったものとみなされる（同法3条1項）。したがって，動産譲渡登記は，不動産登記とは異なり，世の中にある動産すべてについて，その権利関係を公示するという目的をもったものではない。動産譲渡登記の創設は，流動動産譲渡担保と密接な関係があるので，その詳細は担保物権法において説明されることになる。

さて，不動産登記の場合には，たとえば，売買によって所有権が売主から買主に移転したということは，登記簿上，明白である。すなわち，不動産の場合には，物権変動の対抗要件の具備は第三者には明らかであるのに対して，動産の場合には，そうはいかない。たとえば，占有改定による引渡しがなされた場合，引渡しは当事者間の合意のみによって行われるので，外観上，動産の所在場所には，まったく変更がない。それにもかかわらず，買主は，第三者に対して，所有権を主張できる。すなわち，動産の場合，物権変動の対抗要件，すなわち，物権変動の公示の手段として引渡しが要求されてはいるが，引渡しは，現実には，公示手段としてあまり機能していないということである。また，たとえ，現実の引渡しがあっても，それが所有権移転に伴って行われたのか，賃貸，寄託等の結果として行われたのかは，第三者からはわからない。しかし，現実に占有している者が所有者である蓋然性が高い。そこで，次に述べるように，動産においては，取引の安全を図るために，占有に公信力を認め，当該動産を占有している者を所有者として取引した者を即時取得（192条）によって保護している。

11.3.2 即時取得

(1) 成立要件

第192条は，「取引行為によって，平穏に，かつ，公然と動産の占有を始めた者は，善意であり，かつ，過失がないときは，即時にその動産について行使する権利を取得する」と規定している。

たとえば，いま，Bが，Aから絵画を賃借して，自宅の居間に飾っているとする。Cは，Bがこの絵画を占有していることから，この絵画は，Bの所有であると信じて，Bから買い受けて，自分の家に持ち帰ったとする。この場合，Cが，この絵画は，Bの所有であると信じたことに過失がない場合には，Cは，「取引行為」である売買によって，「平穏・公然」と「動産の占有を始めた」ので，この絵画の所有権を取得することになる（図32）。

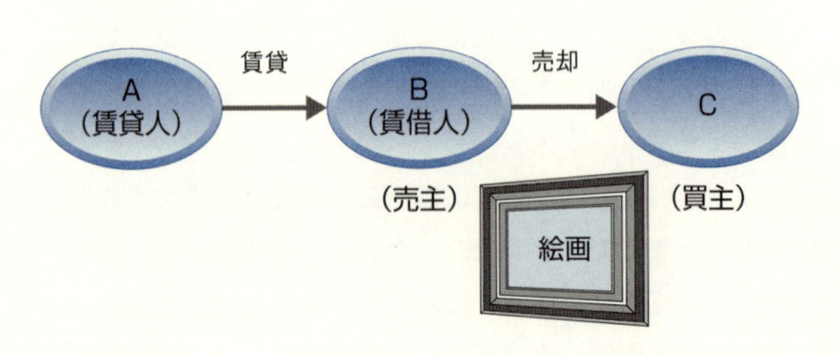

図32

いまの例では，Bは，賃借人としてAの物を占有している。しかし，即時取得が成立するためには，Bが，どのような権原に基づいてAの物を占有しているかは問題とはならない。盗んだ物でも，拾った物でもよい。ただし，盗んだ物（盗品），拾った物（遺失物）については，特則がおかれている。すなわち，盗品・遺失物については，Aは，盗まれたり，なくした時から，2年間は，Cから取り戻すことができる（193条）。ただし，Cが，たとえば，商店から，盗品とは知らずに買った場合には，Aは，取り戻すにあたっては，Cに，その支払った代金を払わなければならない（194条）。これは，Bが所有者としての外観を示すに至った事情について，真の所有者であるAに帰責事由がない場合には，その分，真の所有者を保護しようとするものである。

(2) 二重譲渡と即時取得

不動産の物権変動に関する図24を見てほしい。

いま，Aは古本屋だとする。Bは，Aのところで本を買い，「別の本屋さんも回ってくるから，午後，取りに寄るので，それまで，この本を預かっておいてほしい」といい，Aは「承知しました」と言ったとする。その後，Aは，この本をCにも売り，Cは，この本を自宅に持ち帰ったとする。さて，いまの例は，図24と同じように，現象的には，二重譲渡のように見えるが，法律的には二重譲渡ではない。というのは，AB間では，Aは，現実には，Bに，本を引き渡してはいないが，占有改定による引渡しはある。そして，占有改定も第178条の引渡しに含まれるので，この段階で，Bは，Aからの本の譲受けについて対抗要件を具備しており，Aは無権利者となった。したがって，Cは，無権利者と取引しており，二重譲受人ではない。この場合のCの保護は，即時取得に委ねられることになる。

【即時取得と占有改定】

いまの例では，Cは，Aのところから，本を持ち帰っている。それでは，Cも，Bと同じく，Aのところに本を預けていたらどうなるだろうか。これは，占有改定によって，即時取得は成立するかという問題である。

判例は，占有改定による即時取得を否定している（最判昭和35年2月11日民集14巻2号168頁）。その理由は，動産について外観の変更をもたらさない占有改定にあっては，権利者であるBがAに託した信頼は，いまだ，裏切られていないということにある。これに対して，取引の安全を重視する立場は，占有改定による即時取得の成立を肯定する。しかし，肯定説に立った場合には，Cが登場した後で，Bが本を自宅に持ち帰っても，Cが優先するという遅い者勝ちになり，どうも，すわりが悪い。そこで，現在，学説では，折衷説が有力である。

折衷説は，以下のように説く。すなわち，占有改定でも即時取得は成立するが，これによる所有権の取得は確定的ではなく，先に現実の引渡しを受けたほうが，所有権を確定的に取得するという。折衷説では，肯定説と同様に，Cの善意・無過失は，占有改定の時点で判断されるので，たとえば，Cが，後に，自分はBに売られた本を買ったと知って，自宅に持ち帰っても即時取得は成立する。しかし，Bが先に自宅に持ち帰ったら，Cは所有権を取得できない。

事項索引

た　行

な　行

は　行

ま　行

や　行

ら　行

英　字

判例索引

著者紹介

角　紀代恵（かど　きよえ）

1955 年　富山県生まれ

1978 年　東京大学法学部卒業

現　在　立教大学法学部教授

主要著書・論文

『手続法から見た民法』（小林秀之との共著，弘文堂，1993 年）

「債権譲渡における権利の競合とその優劣――アメリカ法の場合」『加藤一郎先生古稀記念 現代社会と民法学の動向（下）』（有斐閣，1992 年）所収

「アメリカ法における爾後取得財産条項の効力」『星野英一先生古稀記念祝賀論文集 日本民法学の形成と課題（上）』（有斐閣，1996 年）所収

「変容する担保法制――理論と政策Ⅱ 担保客体の一体的把握」金融法研究 19 号（2003 年）

「担保財産に対する設定者の売却権・取立権と担保権の有効性――アメリカ法の場合」『平井宜雄先生古稀記念 民法学における法と政策』（有斐閣，2007 年）所収

「賃料債権の事前処分と賃貸不動産の取得者」法曹時報 59 巻 7 号（2007 年）

『基本講義 債権総論』（新世社，2008 年）

『受取勘定債権担保金融の生成と発展』（有斐閣，2008 年）

「債権法改正の必要性を問う――「契約ルールの世界的・地域的統一化」への批判を中心に」法律時報 82 巻 2 号（2010 年）

『はじめての担保物権法』（有斐閣，2013 年）

「債務引受――現行法との接続と乖離」金融法研究 31 号（2015 年）

「債権法改正案について――原始的不能概念の廃棄を中心に」『舟田正之先生古希記念 経済法の現代的課題』（有斐閣，2017 年）所収

「信託と遺留分をめぐって」『信託の現代的展開と将来展望』（弘文堂，2017 年）所収

道垣内弘人編著『条解信託法』（弘文堂，2017 年）〔分担執筆〕

コンパクト法学ライブラリ＝3

コンパクト 民法I 民法総則・物権法総論 第2版

2011年12月25日© 初版発行
2018年9月25日© 第2版発行

著者 角 紀代恵
発行者 森平敏孝
印刷者 山岡景仁
製本者 米良孝司

【発行】 株式会社 新世社
〒151-0051 東京都渋谷区千駄ヶ谷1丁目3番25号
編集☎(03)5474-8818(代) サイエンスビル

【発売】 株式会社 サイエンス社
〒151-0051 東京都渋谷区千駄ヶ谷1丁目3番25号
営業☎(03)5474-8500(代) 振替 00170-7-2387
FAX☎(03)5474-8900

印刷 三美印刷 製本 ブックアート

《検印省略》

ISBN978-4-88384-282-7
PRINTED IN JAPAN

サイエンス社・新世社のホームページのご案内
http://www.saiensu.co.jp
ご意見・ご要望は
shin@saiensu.co.jp まで.